国家出版基金项目
NATIONAL PUBLICATION FOUNDATION

西方古典学研究

# 柏拉图主义的起源与主要特征

# The Roots of Platonism

## The Origins and Chief Features of a Philosophical Tradition

John Dillon

[爱尔兰] 约翰·迪伦 著

刘媛媛 译 刘玮 校

北京大学出版社
PEKING UNIVERSITY PRESS

著作权合同登记号 图字：01-2020-2629
图书在版编目（CIP）数据

柏拉图主义的起源与主要特征 /（爱尔兰）约翰·迪伦著；刘媛媛译. —北京：北京大学出版社，2021.6
（西方古典学研究）
ISBN 978-7-301-32184-3

Ⅰ.①柏…　Ⅱ.①约… ②刘…　Ⅲ.①古希腊罗马哲学　Ⅳ.①B502.232

中国版本图书馆 CIP 数据核字（2021）第 085998 号

*The Roots of Platonism: The Origins and Chief Features of a Philosophical Tradition*, First Edition (ISBN 978-1-108-42691-6) by John Dillion, first published by Cambridge University Press 2019.


| | |
|---|---|
| **书　　名** | 柏拉图主义的起源与主要特征<br>BOLATU ZHUYI DE QIYUAN YU ZHUYAO TEZHENG |
| **著作责任者** | [爱尔兰]约翰·迪伦（John Dillion）著　刘媛媛 译　刘　玮 校 |
| **责任编辑** | 张雅秋 |
| **标准书号** | ISBN 978-7-301-32184-3 |
| **出版发行** | 北京大学出版社 |
| **地　　址** | 北京市海淀区成府路 205 号　100871 |
| **网　　址** | http://www.pup.cn　新浪微博：@北京大学出版社 |
| **电子信箱** | pkuwsz@126.com |
| **电　　话** | 邮购部 010-62752015　发行部 010-62750672　编辑部 010-62752025 |
| **印 刷 者** | 北京中科印刷有限公司 |
| **经 销 者** | 新华书店 |
| | 730 毫米 ×1020 毫米　16 开　11 印张　183 千字 |
| | 2021 年 6 月第 1 版　2021 年 6 月第 1 次印刷 |
| **定　　价** | 42.00 元 |

# “西方古典学研究”总序

古典学是西方一门具有悠久传统的学问，初时是以学习和通晓古希腊文和拉丁文为基础，研读和整理古代希腊拉丁文献，阐发其大意。18世纪中后期以来，古典教育成为西方人文教育的核心，古典学逐渐发展成为以多学科的视野和方法全面而深入研究希腊罗马文明的一个现代学科，也是西方知识体系中必不可少的基础人文学科。

在我国，明末即有士人与来华传教士陆续译介希腊拉丁文献，传播西方古典知识。进入20世纪，梁启超、周作人等不遗余力地介绍希腊文明，希冀以希腊之精神改造我们的国民性。鲁迅亦曾撰《斯巴达之魂》，以此呼唤中国的武士精神。20世纪40年代，陈康开创了我国的希腊哲学研究，发出欲使欧美学者以不通汉语为憾的豪言壮语。晚年周作人专事希腊文学译介，罗念生一生献身希腊文学翻译。更晚近，张竹明和王焕生亦致力于希腊和拉丁文学译介。就国内学科分化来看，古典知识基本被分割在文学、历史、哲学这些传统学科之中。20世纪80年代初，我国世界古代史学科的开创者日知（林志纯）先生始倡建立古典学学科。时至今日，古典学作为一门学问已渐为学界所识，其在西学和人文研究中的地位日益凸显。在此背景之下，我们编辑出版这套“西方古典学研究”丛书，希冀它成为古典学学习者和研究者的一个知识与精神的园地。“古典学”一词在西文中固无歧义，但在中文中可包含多重意思。丛书取“西方古典学”之名，是为避免中文语境中的歧义。

收入本丛书的著述大体包括以下几类：一是我国学者的研究成果。近年来国内开始出现一批严肃的西方古典学研究者，尤其是立志于从事西方古典学研究的青年学子。他们具有国际学术视野，其研究往往大胆而独具见解，代表了我国西方古典学研究的前沿水平和发展方向。二是国外学者的研究论著。我们选择翻译出版在一些重要领域或是重要问题上反映国外最新研究取向的论著，希望为国内研究者和学习者提供一定的指引。三是西方古典学研习者亟需的书籍，包括一些工具书和部分不常见的英译西方古典文献汇编。对这类书，我们采取影印原著的方式予以出版。四是关系到西方古典学学科基础建设的著述，尤其是西方古典文献的汉文译注。收入这类的著述要求直接从古希腊文和拉丁文原文译出，且译者要有研究基础，在翻译的同时做研究性评注。这是一项长远的事业，非经几代人的努力不能见成效，但又是亟需的学术积累。我们希望能从细小处着手，为这一项事业添砖加瓦。无论哪一类著述，我们在收入时都将以学术品质为要，倡导严谨、踏实、审慎的学风。

我们希望，这套丛书能够引领读者走进古希腊罗马文明的世界，也盼望西方古典学研习者共同关心、浇灌这片精神的园地，使之呈现常绿的景色。

“西方古典学研究”编委会

2013 年 7 月

# 目　录

# 序　言

本书源于我在 2016 年 10 月的最后两周，在中国人民大学哲学院所做的六次讲座，这是“古希腊名师讲座系列”的第八次。我非常感谢哲学院刘玮教授的邀请，还要感谢他在我访问期间的热情款待。我对最初的讲稿做了大幅修改才有了如今的这个版本，为此我非常感谢剑桥大学出版社的迈克尔·夏普（Michael Sharp）接受了我的提议，将一组不那么系统的论文集结成书，并感谢他选择的两位匿名评阅人在成书过程中提出了许多有益的建议。而其余的不足之处都由我自己负责。夏普最初的建议实际上是一本更全面的著作，考察在我 1977 年出版了《中期柏拉图主义者》之后四十年间，晚期柏拉图主义研究的发展。但我发现这远远超过了我力所能及的范围，尤其是这个领域现在有大批年轻学者，他们可以做得比我更好。所以，我认为我应该专注于研究柏拉图主义哲学传统发展过程中的某些重要特征，这也是我目前的主要兴趣，我想这些论文将对这一主题和今后进一步的学术讨论有所贡献。

本书中的一些论文在我到中国讲座之前就已经面世，我要感

谢 *Etudes platoniciennes* VIII 的编辑亚历山德拉·米卡莱维斯基（Alexandra Michalewski）和皮埃尔·杜瓦内（Pieter d'Hoine），他们允许我将《理念是神的思想》一文收入本书，这篇论文最早发表于 2009 年在巴黎举办的一次会议；我要感谢斯图加特的 Steiner 出版社，允许我将《作为柏拉图主义伦理学框架的存在等级》一文收入本书，本文最初是论文集《古代柏拉图主义伦理学》（*Ethik des antiken Platonismus*）的一部分，该书由明斯特大学的克里斯蒂安·彼奇（Christian Pietsch）编辑，他接任了我的老朋友马蒂亚斯·巴尔特斯（Matthias Baltes）遗留给他的事业，完成了巨著《古代柏拉图主义》（*Der Platonismus in der Antike*）第八卷的后续工作。最后，我要感谢期刊 *Dionysius* 的编辑韦恩·汉基（Wayne Hankey）允许我将《苏格拉底主义者卡涅阿德斯》一文收入此书，该论文最初是在 2014 年 9 月加拿大安大略省金斯顿的皇后大学举行的格里高利·弗拉斯托斯（Gregory Vlastos）纪念讲座中发表。我相信这本书至少具备了我试图赋予它的少许连贯性。

*Habent sua fata libelli*（各读者之能，作品自有其命）。

# 导　言

本书要讨论一个我长久以来都很感兴趣的主题，即柏拉图在 1
他创建的（不那么正式意义上的）学园里面进行的理智探索的发展历程。大约在公元前 387 年，柏拉图在雅典郊外的阿卡德米公园创立了这所学园，并在他去世前的四十年间执掌学园，随后这个学园逐步呈现出一套哲学**体系**。我首次探讨这个问题是在三十多年前，在《晚期柏拉图主义中的自我定义》[1] 一文中，我探讨了在柏拉图学园这个特殊的个例中，究竟是什么因素促使其通过哲学或宗教运动，在树立“正统”和辨别“异端”的意义上，来正式定义自身。我在稍后发表的《“正统”与“折中主义”：中期柏拉图主义者与新毕达哥拉斯主义者》[2] 一文中，进一步探讨了这个问题。我认为这两个研究都明显支持以下结论，即哲学流派最初通过回应对手的抨击，或是在抨击对手的过程中定义自身。比如老学园（Old Academy）最初是通过回应亚里士多德和漫

---

① 首次发表于 Meyers & Sanders（1982），pp. 60-75; 后收入 Dillon（1990）。

② 首次发表于 Long & Dillon（1988），pp. 103-125；后收入 Dillon（1997b）。标题中的引号意在强调。

步学派的抨击来定义自身。而新学园（New Academy）则伴随着阿凯西劳斯（Arcesilaus）及其继承者对于斯多亚学派的抨击，斯多亚学派试图在老学园中逐渐兴起的教条主义系统的基础上，在知识论的确定性方面“垄断市场”。[1]

2 在随后的“中期柏拉图主义时期”（约公元100年），学派之间的争斗似乎变得没那么严峻，但普鲁塔克（Plutarch）仍旧发起了几场论争，矛头直指斯多亚和伊壁鸠鲁主义者。公元2世纪后期，阿提库斯（Atticus）大力攻击漫步学派，这显然是由后者发表的某些傲慢的评论引发的。梅塞纳的阿里斯托克勒斯（Aristocles of Messene）撰写了十卷本的《论哲学》（*On Philosophy*），[2] 他称赞柏拉图是那个时代不错的哲学家，同时又仅仅将他当作更完美的亚里士多德哲学的**先驱**。对这种无理举动怎能坐视不管！我们也看到，大约与阿提库斯同时代的阿帕梅亚的努梅尼乌斯（Numenius of Apamea），对新学园的怀疑主义发起了强有力而又妙趣横生的讽刺性抨击（也顺带攻击了阿斯卡隆的安提奥库

① 我希望后面的章节能够表明，我们在这里讨论的“正统”，是一种“弱的”正统观念，而非“强的”正统观念，应该区别于那种集权的官僚结构所强加的正统观，比如在“亚伯拉罕”诸宗教中产生的那种。在柏拉图主义传统中，即便有这样的愿望，也没有如此集中的结构来强制推行如此统一的教义。相反，柏拉图主义者可以持有一定范围内的学说立场，但这并不是说他不会受到同事或继承者的挑战。在我看来，色诺克拉底（Xenocrates）所做的就是设置某些界限。

② 在引用阿提库斯之前，尤西比乌（Eusebius）在《福音的准备》（*Praeparatio Evangelica*）中引用了其中的片段。

[Antiochus of Ascalon] )。除此以外，努梅尼乌斯还宣称毕达哥拉斯作为柏拉图主义真正的“开创者”，扮演了核心的角色，这种倾向至少能追溯到公元前 1 世纪晚期亚历山大里亚的欧多鲁斯（Eudorus of Alexandria），甚至在一定程度上能追溯到老学园的斯彪西波（Speusippus）和色诺克拉底。

本书的六章内容（起初是各自独立的论文）[①] 试图以不同的方式讨论这个发展中的自我定义和正统问题。在第一章“柏拉图主义中教条主义的起源”中，我宽泛地讨论了由学园第三任掌门色诺克拉底开始，由他的继任者波勒蒙（Polemon）修订和扩充的一套权威教义的形成过程。波勒蒙规定的这套教义涉及他界定的哲学的三个领域：伦理学、物理学和逻辑学。在我看来，相较于柏拉图学园的教义，柏拉图本人更关注自由地探索哲学问题，
比如宇宙构成中的一与多，数学实体的状态，物理个体的属与种 3
的原型，以及伦理规范的本质和客观实在性，唯一的限定就是有一套从本质上讲带有**否定性的**条件。关于这一点劳埃德·格尔森（Lloyd Gerson）在他的精彩著作《从柏拉图到柏拉图主义》(*From Plato to Platonism*）中，[②] 做了很好的界定。这些否定性的条件包

---

① 其中三章的更早版本在其他地方发表过：第三章，在 *Etudes Platoniciennes*, vol. 8（2011）, pp. 31-42；第四章，在 *Ethik des antiken Platonismus*, hrsg. von C. Pietsch. Steiner Verlag: Stuttgart, 2013, pp. 91-98；第五章，在 *Dionysius*, vol. 34（2016）, pp. 27-45。

② Gerson（2013），尤其是 pp. 9-32。

括反物质主义、反机械主义、反唯名论、反相对主义、反怀疑主义，这些加起来就构成了哲学中的“柏拉图主义”立场。格尔森将其称为“原始的柏拉图主义”（Ur-Platonism），或是“基础的柏拉图主义”（Fundamental Platonism）。在我看来，尤其是色诺克拉底开创了一个注解柏拉图作品的进程，目的是调和任何看起来矛盾或不一致的文本（这些文本也首先是由色诺克拉底自己收集的）；他同时撰写了一系列涉及所有或是绝大多数主要哲学问题的著作，并据此为解读柏拉图的文本提供恰当的教义基础。

在第二章“普罗提诺之前柏拉图主义中的一元论和二元论倾向”中，我转向一个困扰着古今柏拉图追随者们的基本问题，即柏拉图的形而上学体系究竟是一元论的还是二元论的。在我看来，柏拉图本人提供了合理的材料来支持这两个选项，他的追随者普鲁塔克（他有自己的规划）强烈鼓吹柏拉图的二元论。然而权衡两方之后，我的结论是，柏拉图并没有试图将恶或无序作为至高的统一原理的对立面；多重性和多样性的第二原理，也就是“不定的二”，最好被看作是对“一”（或“善”）的补充，以及有秩序的宇宙生成的必要环节。

同样地，《蒂迈欧》中的“载体”（Receptacle），《政治家》神话中“古老的不和谐”，以及《礼法》第十卷中“有相反能力的灵魂”，尽管看起来能被普鲁塔克这样的二元论者用作证据，但最好不要被理解成原始地存在一个“无序的世界灵魂”，而应当被看

作本质上是否定性的现象，是三维物质世界生成过程中不可避免 4
的伴随物，为本质上无所不能的第一原理施加秩序提供条件。

围绕着本书主题的第三个话题是柏拉图主义的理念或形式的本质和状态，也就是具体物体、性质和概念背后可以用理智认识的原型。鉴于物质个体的流变和易逝，柏拉图认为，这些原型对于构造有秩序的宇宙，获得确定的知识（与意见相反），对于理性和融贯的论述至关重要。我并不试图解决诸如“哪些东西是有理念的?”或者“理念与依赖它的个体之间有何种**相似性?**”这样的问题，它们虽然非常有趣，但是过于宏大。相反，在“理念是神的思想”一章中，我关注的是一个长久以来在柏拉图研究中显得有些神秘的问题，即理念可能居于何处。柏拉图借老年巴门尼德（Parmendies）之口否定了理念仅仅是人头脑中的想法（《巴门尼德》132b-c），因为这会使其太过主观（它们必须是**某种东西**的思想），但这并不排斥理念成为神的思想，因为神是终极的客观实在。

公元前1世纪复兴的教条化的柏拉图主义，以阿斯卡隆的安提奥库、亚历山大里亚的欧多鲁斯、亚历山大里亚的犹太哲学家斐洛（Philo）为代表，当我们审视他们时，就会发现理念是神的思想这一点已经成了既定的学说（并由于吸收了斯多亚学派教义中的神圣理性 [divine *logoi*] 而得到强化）。然而，我认为，这不应该被看作是那个时代的创新（以上那些哲学家都完全没有提到自己提出这个学说是在进行创新），而应当被看作是从老学园传承下来的学说，尤其来自色诺克拉底，对他而言至高的原则是“一”，它也是理智（*nous*），而理智必然有思想！我还进一步认为，人们一旦决意像斯彪西波和色诺克拉底那样，以“去神话”的方式解读柏拉图的《蒂迈欧》，就会发现工匠神（Demiurge）根据“范本”或模型塑造物质世界，而这些范本或模型也应该被看作是工匠神理智的内容，这样工匠神实际上就变成了理性的世界灵魂。

5 值得一提的是，在之后的“中期柏拉图主义”时期，在普鲁塔克之后，关于理念究竟应该在神圣理智之内还是之外成为一个问题。如果理念在神圣理智之内，似乎会不可避免地减弱其客观实在性，为此普罗提诺（Plotinus）与学生波菲利（Porphyry）展开了旷日持久的争论。波菲利离开朗吉努斯（Longinus）在雅典的学园来追随普罗提诺，并最终被其说服，接受了理念在理智之内的学说，然而这个理智变成了次等的神，低于“一”，而“一”是超越思想的。

在“作为柏拉图主义伦理学框架的存在等级”中，我转向了伦理学。我要讨论的第四个问题是柏拉图主义传统中的伦理学是如何与形而上学联系起来的。具体说来，目的（*telos*）或“各种善的终点”是怎样与神性概念相关联的。从安提奥库，经由欧多鲁斯和普鲁塔克，一直延续到阿尔西努斯（Alcinous），一直有两个相互联系的理想，一个是“依据自然生活”（*homologoumenôs têi physei zên*)，这最初是斯多亚学派的理想，但被安提奥库借用；另一个是“与神相似”(*homoiôsis theôi*)的理想。我想要表明，这两个理想都依赖对神的本性，以及通过实践德性让我们与神相似的特定看法。

接下来，我转向了柏拉图主义传统中我过去一般会避免讨论的阶段，所谓的新学园，主要是因为我同意通常的观点，即新学园与其说是柏拉图主义，不如说是古代怀疑派历史的一部分。在第五章“苏格拉底主义者卡涅阿德斯”中，我讨论了居勒尼的卡涅阿德斯(Carneades of Cyrene)这位新学园的最后一位重要人物。我们将看到，其后的柏拉图主义者普鲁塔克宣称与他的思想有密切联系。然而大部分后来的柏拉图主义者，还是将卡涅阿德斯及其先驱阿凯西劳斯斥为“异端”。我们在这一章会考察卡涅阿德斯与阿凯西劳斯的思想中，哪些要素可以被看作是回归到柏拉图主义传统中“苏格拉底式的疑难”这样的根源；与此同时，他又认为对可感世界的认知具有某种程度的确定性，或者至少是“或然性”(*pithanotês*)。尽管柏拉图弱化了可感印象的可靠性，但卡涅阿德斯仍然承认在可感印象里存在着一定程度的“知识”。我认为，卡涅阿德斯可以据此主张他追随一些苏格拉底式的先驱。在这一章我大量使用了杰出的柏拉图学者格里高利·弗拉斯托斯 6
的洞见，讨论了在诸如《申辩》和《高尔吉亚》这些早期著作中，苏格拉底在多大程度上可以宣称自己“改进”了知识(这篇文章最初也是为纪念他而写的）。

在此之后，我进入了柏拉图主义传统之后的发展阶段。在第六章“普鲁塔克与新学园传统的联系”中，我转向了中期柏拉图主义者凯罗尼亚的普鲁塔克的独特立场，探讨它如何与新学园里以阿凯西劳斯与卡涅阿德斯为代表的“怀疑主义”传统相关联。后者尽管可以视为柏拉图主义传统的组成部分，却被自安提奥库以后的柏拉图主义者普遍斥为异端。但普鲁塔克乐于接纳其作为苏格拉底传统的合法组成部分。一方面，普鲁塔克接纳了“疑难式的”或“疑问式的”传统，这给斯多亚学派知识论中的教条主义提出了难题；另一方面，他试图否认新学园所践行的彻底的怀疑主义，也就是某种皮浪主义的变体。相反，普鲁塔克更愿意将这种皮浪主义视为通过分析斯多亚学派经验主义内部的矛盾，对学生进行思维训练的手段。

为了进一步阐释普鲁塔克的思路，我首先考察了他反驳伊壁鸠鲁主义者克罗特斯（Colotes，他攻击过阿凯西劳斯）的部分论证；然后考察了普鲁塔克在《柏拉图问题》（*Platonic Questions*）中的第一条和最具纲领性的问题，在其中他提出了自己理解的苏格拉底的立场；最后，我讨论了普鲁塔克写给他众所周知的新学园追随者法沃里努斯（Favorinus）的《论冷的原理》（*On the Principle of Cold*），在这篇非常有趣的短论中，普鲁塔克向他表明（我感觉略带讽刺意味），人们应当如何处理像冷的本质这样可疑的物理问题。

总而言之，我希望这六章可以概述一个哲学学派内部的学说如何发展，在不同阶段可能出现什么转向，以及在传统内部可能引发何种争议。在此我并不追求写出一部决定性的著作，尤其是考虑到近年来在这个领域涌现出的大量作品，而是满足于围绕柏拉图主义传统的本质和起源这一充满争论的主题，做出一些自己的贡献。

# 第一章　柏拉图主义中教条主义的起源

一开始，我们要对这个话题进行较为广泛的考察，着重探讨 7
柏拉图的哲学探索逐步变成我们所说的“柏拉图主义”这一过程中的一些主要方面。然后，我们继续关注一系列核心问题，这些问题共同刻画出了这一伟大传统的主要特征。

他的所有朋友都会同意，作为哲学家的柏拉图对大多数问题都有很明确有力的观点。然而值得注意的是，在他公开发表的作品里，柏拉图选择以较为迂回的方式来呈现他的观点。毕竟柏拉图的对话本来就是以**疑问的**和**辩证的**，而非以教条主义[①]的方式去表达哲学立场。如果我们想要从中得出某些学说，就应当自负风险。[②]

然而毫无疑问，有大量学说都与柏拉图学派有关。即便在柏

① “教条主义”翻译自 dogmatism，这个词来自希腊语的 *dogma*，而这个词通常译为英文的 doctrine（“学说”）。因此在“教条”与“学说”之间有内在的联系。——校者注

② 在柏拉图学者中间，有一种很多人主张且备受尊崇的观点是，从对话中不可能得出确定的柏拉图主义学说。比如可参见 Gerald Press（2000）和 Charles Griswold（1988）中的论文。

拉图的有生之年，我们也有亚里士多德的证言说（不可否认它们带有一定的偏见），存在着柏拉图的某些哲学原理，他有时称为 *agrapha dogmata*，[①] 也就是后来逐渐被人熟知的“未成文学说”。
8 我对此的立场是试图在两个极端观点之间找到审慎的平衡。[②] 极端观点的一方是哈罗德·车尼斯（Harold Cherniss）与其追随者，比如莱昂纳多·塔兰（Leonardo Tarán）；另一方是“图宾根学派”（Tübingen School）的康拉德·盖瑟（Konrad Gaiser），汉斯－约阿希姆·克莱默（Hans-Joachim Krämer）以及他们的追随者（比如乔瓦尼·雷亚莱 [Giovanni Reale]）。总而言之，我的观点是，确实有可能存在一系列学说，或者至少是一些假设，并不存在于柏拉图的对话之中，或者仅仅以迂回和隐晦的方式出现，比如从一对第一原理中推论出一切，“一”与“不定的二”在柏拉图的体系里确实至关重要。但是另一方面，我也不认为有必要假设有一整套秘密学说，从一开始就在学园中存在，并以某种“神秘的”、只传授给内传者的方式保存下来。

然而，简单说来，我认为极有可能在学园内部有大量哲学思辨最终没有被收录到对话之中。毕竟，柏拉图从没有承诺要在其

① 比如《形而上学》1.6.987b29 ff.。Krämer（1964）收集了亚里士多德的文本和新柏拉图主义的评注，对我们颇有助益。

② 参见 Dillon（2003）第一章“学园之谜”。对整个“图宾根学派”处理未成文学说之方法的精辟批评，参见 Mann（2006）。感谢 Pavel Gregoric 教授提醒我阅读这篇论文。

写作中阐明所有观点。事实很可能恰恰相反，如果我们记得《斐德罗》275d-e，或是《第七封信》341c-e 中这段引人注目的文本：[①]

> 但至少我可以确切地告诉所有这些作者或未来的作者，那些宣称自己懂得我认真研究过的主题（*peri hôn egô spoudazô*）的作者，不管你是从我还是从别人那里听说，或是自己发现它们：至少就我的判断而言，这些作者对这个话题一无所知。**并不存在，将来也不会存在我处理此主题的著作**。因为它并不像其他研究那样可以用语言表达，而是通过不断地思考这个主题本身并实际活在其中，它就会突然（*exaiphnês*）产生于灵魂中，如同被跳动的火苗点燃的光芒，一旦点燃它就会滋养自身。

即便这不是柏拉图自己说的（虽然我认为它是），它必然也是某个极为熟悉学园内部情况的人说的。柏拉图从没有真正放弃过苏格拉底的这个想法，即哲学必须首先是口头活动，同时还是开放的过程。正因如此，谈话和论争盛行于学园之中。而那些我们所知道的学园成员，比如斯彪西波 、色诺克拉底、亚里士多德、尼 9

① 我当然认为这是权威性的文本（也就是说，这些资料来源于老学园里那些了解情况的人），尽管对于它是否出自柏拉图本人之手有很多争议。

多斯的欧多克苏斯（Eudoxus of Cnidus）、彭都斯的赫拉克利德斯（Heraclides of Pontus），都能言善辩，而不是那种坐在那里等着柏拉图完成下一篇对话的人。

无论怎样，不管这些“未成文学说”的状态如何，看起来我们都要面对下面这个极为有趣的问题，即从后来柏拉图主义传统的角度看，从公元前 1 世纪阿斯卡隆的安提奥库开始，人们确信柏拉图和老学园提出了一套前后一致的、综合的、囊括哲学各个方面的学说，这种信念一直延续到更晚的时代。这并不是说柏拉图主义曾被看作是个完全统一的结构，在大多数伦理学和物理学问题上，都有相当宽泛的立场范围。但是一个非常坚实的共识是，柏拉图**的确**在教条化，而不是像从阿凯西劳斯到卡涅阿德斯的新学园派说的那样，仅仅是提出问题同时悬置判断。[①] 我在此想要探讨的问题是：第一，是否有足够的理由支持这种看法；第二，如果有的话，这种教条化起源于学园的哪个阶段。

对我而言，解决这个问题最好的方式是以终为始，即从阿斯卡隆的安提奥库的证据往回追溯。我们从安提奥库那里得知，或

① 参见《匿名的〈泰阿泰德〉评注》(*Anonymous Theaetetus Commentary*）开头对此问题的讨论。这是一部大约写作于公元前 1 世纪末的作品，但更有可能来自公元 1 世纪。事实上，关于新学园，后来出现了一个有趣的观点（无疑只是虔诚的虚构），即新学园派自己并不主张悬置判断，而只是为了打击斯多亚学派才在公开场合坚持这一立场，在私下则坚持教条！参见塞克斯都·恩披里柯（Sextus Empiricus）：《皮浪主义纲要》（*PH*）1.234 和奥古斯丁：《驳学园派》（*C. Acad.*）3. 20.43（引用了西塞罗《论学园派》中如今遗失的一节）。

者更确切地说，从西塞罗的大量重要文本中得知（在其中他的发言人们都用安提奥库的方式来理解柏拉图的学说），① 首先，将哲学的主题清晰地划分成三个领域：伦理学、物理学（包含了我们认为属于形而上学或讨论第一原理的部分）和逻辑学；其次，在 10
每个领域内都信心十足地主张一些学说。人们很久以来都普遍认为，这套体系大体上是安提奥库自己的玄想，掺杂了他从斯多亚学派那里搜集来的学说，而他自己也深受这些学说的影响，但是却将这些学说归于老学园中的英雄人物。

大约在 40 年前，我在《中期柏拉图主义者》一书中反驳了这个假说。我论证，一方面，安提奥库试图使那些相较而言持怀疑态度并且见多识广的公众接受毫无根据的论调是没有意义的；② 另一方面，我们对老学园的学说发展，尤其是在色诺克拉底和波勒蒙执掌学园时的发展，所知甚少。在那部著作里，我仍十分谨

① 我们主要关注《论至善和至恶》（*De Finibus*）第 4、5 卷（伦理学），《论学园派前后篇》（*Academica Priora, Academica Posteriora*）（物理学）等作品，但也有许多其他重要段落。对于安提奥库较为全面的理解，参见 Dillon（1977）第 2 章；持更多怀疑论立场的理解，参见 Barnes（1989）和 Sedley（2012）。

② 正如我指出的，西塞罗并没有因此指责过他，尽管西塞罗对安提奥库的私人感情极深，很尊重他，但他仍保持着对新学园的忠诚。西塞罗指责他的地方是太接近斯多亚学派（*si perpauca mutavisset, germanissimus Stoicus,* 《论学园派后篇》132; *a Chrysippo pedem nusquam,* 《论学园派后篇》143；另参见《论学园派前篇》135, 西塞罗指出，安提奥库认为德性是幸福的充分条件，这**不是**老学园的观点）。我认为，所有这一切并不等于在整体上驳斥安提奥库的工作，毕竟这只是学园内部的论争。

慎地不敢将太多学说归于波勒蒙，尽管他执掌了学园近四十年，但是我们对他的了解实在太少。但自那之后我深受大卫·塞德利（David Sedley）在 2012 年发表的那篇极富洞见的论文《斯多亚学派之神的起源》（The Origins of Stoic God）[1]鼓舞。在我看来，这篇文章打开了重新发现波勒蒙学说的大门，我接受了他的观点，并在《柏拉图的后裔》（*The Heirs of Plato*）第四章中做了进一步拓展。

我稍后会继续讨论塞德利的文章，现在我想集中讨论伦理学的话题。在这之前，我关注将哲学正式划分成不同的论题，在我看来这与某种哲学体系的建立密切相关。我们从塞克斯都·恩披里柯那里得知（《驳逻辑学家》[*Adv. Log.*] 1.16），实际上色诺克拉底是第一个正式划分出哲学的三个主要领域或论题的哲学家。塞克斯都划分时是按照物理学—伦理学—逻辑学的顺序，但事实
11 上这个顺序没什么关系。[2]然而我认为重要的是塞克斯都宣称，柏拉图自己“几乎”（*dynamei*）已经做出了这个区分，因为他在这三个领域都有诸多论述。[3]我认为这个说法的真正意义在于，

---

① 收于 Frede and Laks（2002），pp. 41-83。

② 实际上，如果安提奥库在这个问题上遵循色诺克拉底的观点，色诺克拉底给出的顺序是“伦理学—物理学—逻辑学”，但塞克斯都遵循的是他更喜欢的斯多亚学派的顺序。

③ 他可能还补充说，亚里士多德似乎在《论题篇》（*Topics*）1.14（105b19 ff.）中也意识到了哲学的三分。

色诺克拉底有可能是在《论哲学》这部作品（第欧根尼・拉尔修：《明哲言行录》4.13）里做了这个正式的划分，在这样做的时候他试图将柏拉图当作这个概念的创始人。毕竟，他可能毫不费力地引证柏拉图对话中的章节，甚或是整篇对话，来支持他的论点，比如用《蒂迈欧》代表物理学，用《理想国》代表伦理学，用《泰阿泰德》或者《巴门尼德》的第二部分代表知识论（逻辑学的一部分），就像后来编纂柏拉图主义手册的那些人，比如阿尔西努斯或阿普雷乌斯（Apuleius）做的那样。

如果是这样，这可以被视为冰山的一角。首先，要讨论柏拉图的作品，我们需要一个确定的版本。亨利・欧莱（Henri Alline）[①] 在很久之前就提出，第一版柏拉图著作的编辑是在色诺克拉底执掌的学园中完成的。尽管这个看法一直以来都无法证实，但在我看来，这个推测完全可能。这个早期的版本应该确有其事，[②] 因为我们似乎拥有柏拉图的全部作品，或许除了普罗提诺之外（我们知道那是为什么），任何其他古代哲学家都没有这个

---

① Alline（1915）。

② 当然，我们绝不能将围绕着“第一版”的那些悬而未决的问题掩盖起来。比如，我们该如何设想这些对话的编辑顺序或分组？“出版”这个版本又意味着什么？关于这些问题的一些富有启发性的讨论，参见 Dorandi（2007）。公元前三世纪中叶的卡利斯托的安提戈努斯（Antigonus of Carystus）提供了一些有趣的线索（第欧根尼・拉尔修：《名哲言行录》3.65），他说“当柏拉图的著作首次被**带着批注**编辑时，拥有者向那些想要参考的人收钱”，这个说法里面有很多不清楚的地方，但它似乎意味着存在更早的**没有批注**的版本，这显然能将我们带回到老学园时期。

12 殊荣。而我感觉斯彪西波不大可能去组织这项事业。那么最有可能的就是将其归于色诺克拉底在捍卫柏拉图主义传统免受来自亚里士多德及其同人，比如特奥弗拉斯托斯（Theophrastus）的攻击时完成的主要工程，因为要很好地捍卫柏拉图，他就需要一部确定的柏拉图著作集。

一旦有了确定的文本，色诺克拉底就可以继续进行下一步，尽管我认为他在需要诉诸“未成文学说”时毫不犹豫，他不仅依赖自己在学园中的个人经历，还依据像我们前面引用的《第七封信》这样的文本（或许这封信就是他自己写的！）。他的目的就是从这些并不完全可靠的材料中打造出一套前后一致的学说。

我们从伦理学领域谈起。随着亚里士多德的《尼各马可伦理学》问世（不管当时以何种形式存在），这个问题变得非常重要，即德性和次等善（身体和外在环境）在实现幸福（*eudaimonia*）和人生的整体目的（不管是**理论的** [*theoria*] 还是**实践的** [*praxis*]）中的相对重要性。[①] 毕竟，从柏拉图自己的作品里，我们能看到混杂的信号。比如从《斐多》中，我们能得出的结论是，对于哲学家而言，对身体的关注只会让人分心，哲学家应该尽可能地从这种束缚中脱离出来，甚至是脱离死亡的束缚（哲学家恰恰应当

① 关于柏拉图对善进行三分的权威讨论，以及它在后来传统中的使用，参见 Inwood（2014）。

练习死亡！)。然而在《理想国》中，尤其是第九卷（580d-592b），
我们得出的结论则可能是，我们的意气（*thymos*）和欲望
（*epithymia*）所欲求的次等善尽管远低于理智的善，但是如果保
持有序和节制的形式，还是可以获得有限的地位。这种模棱两可
延续到了《礼法》，在第一卷（631b-c）中，我们得知“善有两种，
属人的和神圣的。属人的善依赖神圣的善，拥有更大善的人也同
时拥有了较小的善，或者两者都被剥夺”。柏拉图接着说，这些
属人的善，比如健康、美貌、力量和财富，都远低于灵魂神圣的
善，也就是四主德，但这不意味着应当对属人的善置之不理。然 13
而，他稍后（2.661a-d）将属人的善说成是“有条件的善”，它们
只对有德性的人是真正好的，对坏人而言则是恶的，因为坏人会
滥用它们。[①]

不管这些，我们来考察根据亚历山大里亚的教父克莱门特（Clement）的记载（《杂论》[*Strom*] 2.22），色诺克拉底和波勒蒙各自给出的幸福定义。首先是色诺克拉底的定义，大约是来自他的《论幸福》（*On Happiness*）：

> 卡尔西顿的色诺克拉底将幸福定义为，获得专属于我们

---

① Bobonich（2002）在其宏大著作的第二章中不仅很详尽地，而且几乎是穷尽细节地讨论了这个主题。

> 的卓越（或德性，*aretê*）以及使用它的资源。他很清楚地说，幸福的恰当处所（*to en hôi*）在灵魂之中，德性是动力因（*hyph' hôn*），至于质料因（*ex hôn*），从部分而言是高贵的行动、好的习惯与状态（*hexeis kai diatheseis*），身体与外在的好则是不可或缺的伴随物（*hôn ouk aneu*）。

如果我们相信克莱门特的转述基本忠实，那么这段文本就非常有趣。首先，我们是否能从中得出这个结论，即独特的“介词形而上学”（metaphysic of prepositions）[①] 已经由色诺克拉底在公元前四世纪末开始使用了？像威利·泰勒（Willy Theiler）这样的权威人士认为，这种形而上学是公元前1世纪或更晚出现的哲学经院化（scholasticism）的产物。实际上，我认为这并非不可能。[②] 这个语法结构本身并没有什么内在的原因，让我们认为它们不能由某个像柏拉图和亚里士多德这样具有经院化思维方式的人，从现存的、不那么系统的介词使用中得出。而且我也不理解，如果不是受到了色诺克拉底的启发，克莱门特怎么会或是为什么能够提

---

① 引文中的“处所”的字面意思是“在……之中”，“动力因”的字面意思是“由……导致”，“质料因”的字面意思是“出自……”，“不可或缺的伴随物”的字面意思是“不能没有……”。这些都是介词词组，所以称它们为“介词的形而上学”。——校者注

② 我意识到了这与我早先在 Dillon（2003），p. 141 的立场矛盾，当时我认为这样的表述必定来自晚期希腊化时期。现在我看不出有任何理由坚持那个立场。

出这种介词术语的使用。

然而，更为重要的是学说的内容。我认为我们能从中推断出对于色诺克拉底而言，幸福不仅是获得或占有德性，而且要拥有“使用它的资源”，也就是说，身体和外在的好是 *hôn ouk aneu*，14
即 “不可或缺的伴随物”。①

这反过来也能与我们在西塞罗《论至善和至恶》4.15-18 中得到的证据联系起来。西塞罗在反驳斯多亚学派的过程中，使用了老学园安提奥库和漫步学派的学说，更具体而言，就是色诺克拉底和亚里士多德的学说。西塞罗说这二者同稍后的斯多亚学派一样，使用了相同的伦理学的第一原理，即“依据自然的首要之物”（*prôta kata physin*，西塞罗用的拉丁语是 *prima naturae*），他接着总结了他们的立场。这套说法虽然与亚里士多德现存的观点并不是特别吻合（它可能与西塞罗还能看到的亚里士多德早期作品更吻合），但我们似乎可以合理地主张，色诺克拉底大体上认为：

> 每种自然有机物都致力于保护自己，以此来保证自身安

① *hexeis kai diatheseis* 作为构成幸福的 “部分”也很有趣，因为它似乎包含了这样一种学说，这也是亚里士多德在《尼各马可伦理学》（2.1103a14-b25）第二卷开头所说的，伦理德性来源于习惯（*ethos*）、良好的训练以及**实践**（*practice*）高贵的行为 。关于柏拉图善的三分及其使用，参见 Inwood（2014）。

> 全并保存自己特定的种类。[①] 基于这个目的，他们宣称，人们开始使用技艺来辅助自然，其中最主要的是生存技能，它能帮助人们守护自然赋予的并获取那些自然中缺乏的东西。他们进一步将人的自然区分为灵魂和身体。每个部分都因其自身而被欲求，因而他们说它们各自的德性（或卓越）也都因其自身而被欲求。与此同时，他们又赞美灵魂在价值上无限超越身体，因而将理智的德性置于身体的善之上。但是他们认为智慧是整个人的守护者和保护者，就如同自然的伙伴和帮手，因此他们说智慧的功能就是保护由灵魂和身体组成的存在，也是要在这两个方面去协助和保护这个存在。

我们必须承认，作为这段文本出发点的原理似乎并不能与柏拉图对话中的任何内容完全对应。然而，它可能是对柏拉图的同伴尼多斯的欧多克苏斯提出的原理的发展。欧多克苏斯以将快乐当作最高的善而闻名，他的理论基于快乐的最大化是任何有感觉的生物体从出生起就追求的首要之事。[②] 如果是这样，色诺克拉底就

---

① *Omnis natura vult esse conservatrix sui, ut et salva sit et in genere conservetur suo.*

② 参见亚里士多德:《尼各马可伦理学》1.12.1101b27-31; 10.2.1172b9-18。亚里士多德在第二段文本中评论说，由于欧多克苏斯自己有极高的道德标准，他观点的可信度获得了很大的提升。此原则的基础也能在狄俄提玛（Diotima）的“基本法则”（basic law）中得到体现，对此《会饮》207d 中有具体阐述，大意是“有朽者尽其所能地寻求不朽”，因为这不可避免地包含了自我保存的欲求。

将其运用到了不同的目的上，去证成我们要关注身体的生存和舒适，并以此作为我们进一步推论的基础。另一方面，剩余文本中所表达的内容，可以很容易地从上面提到的《礼法》的文本中推论出来。

将“依据自然的首要之物”作为一套伦理理论的基础，安提奥库将这一点归于波勒蒙（比如《论至善和至恶》4.50-51）。但是根据对他立场的记载，我们发现，与老师色诺克拉底相比，波勒蒙的立场多了一些严苛（austerity）。这个区别并不大，因为在学述传统（doxography）中，他们的观点总是被混为一谈。然而值得注意的是，波勒蒙是未来的斯多亚学派创始人季提昂的芝诺（Zeno of Kitium）的老师，波勒蒙显然传达给他一套严苛的伦理立场，而芝诺把它发展得更远。

紧接着色诺克拉底，克莱门特记载了波勒蒙的立场（《杂论》2.22）：

> 波勒蒙是色诺克拉底的同伴，他似乎希望幸福是在所有的善方面的自足（*autarkeia*），至少是在其中最多和最大的善方面自足。因为他宣称没有德性就不可能获得幸福，**而即便没有身体和外在的善，德性也是幸福的充分条件**。

波勒蒙至少在最后这一点上独树一帜。我认为，人们从中可以看出当时学园内部论争的线索，这场论争关于所谓的“可朽的善”的确切地位。从安提奥库给出的证据来看，波勒蒙并没有完全拒斥那些低等的善。以下就是提及此事的文本（4.50-51）。西塞罗批判加图（Cato）使用种种似是而非的斯多亚学派的论证：

16 至于你的其他论证，它们不可能是“意义深远的”，在某种程度上甚至是愚蠢的——尽管是斯多亚学派而非你应当对此负责。幸福是值得骄傲的事，但没有德性的人不应该有理由感到骄傲。波勒蒙的以上命题会传给芝诺，而他的老师（即色诺克拉底）以及他们整个学派也会如此，还包括那些将德性排在其他所有之上，但还需要一些别的东西来与德性共同定义至善的哲学家。因为如果德性是值得骄傲的，并且以语言不能描述的程度超越其他一切，那么波勒蒙即便认为被剥夺了其他所有，只要拥有德性就是幸福的，但他并不同意除了德性以外，没有其他东西能被看作是善的。

这样我们就有了柏拉图主义学说关于伦理学第一原理与幸福组成部分的大致轮廓，尽管可能有不同的侧重点，但它仍能作为某种融贯立场的基础。在此之后，采用哪种严苛程度的伦理学，比如说是强调情感平衡（*metriopatheia*）多于否定情感（*apatheia*），还是相反，取决于你想要对抗的是斯多亚学派（比如普鲁塔克）

还是漫步学派（比如后来雅典的柏拉图主义者阿提库斯），但是无论如何，都有足够的柏拉图主义学说来作为依据。在我看来，这个学说是由色诺克拉底和波勒蒙，而非柏拉图自己确立的。

在物理学的第一原理方面，情况也类似。柏拉图给后继者留下的遗产令人困惑，至少在我们看来是这样。一方面，我们有《理想国》中“善的理念”，这个第一原理在某种程度上“超越”（*epekeina*）了其他存在，它是生成的基础，也是欲求的对象。另一方面，我们还有《蒂迈欧》中的工匠神，他被描述为理智，但在创造灵魂和世界时观看某些高于和外在于自身的模型（除非工匠神和他的创造物都是要被解构的神话，就像斯彪西波和色诺克拉底在驳斥来自亚里士多德的批评时所坚持的那样）。而在《巴门尼德》第二部分假设中的“一”，柏拉图自己虽然不一定把它当作第一原理，但是后来肯定被看作是第一原理了。除此以外， 17
还有《斐莱布》（26c ff.）中确立的一系列第一原理：有限、无限、混合物的原因，这些看起来与未成文学说中的“一”与“不定的二”有密切联系。最后但并非不重要的是，理性的世界灵魂是所有运动，因而也是所有创造物的第一原理，这个学说先是在《斐德罗》（245c ff.）中被说明，之后也在《礼法》第十卷中占据主导地位。面对如此丰富的材料，我们要何去何从呢？

色诺克拉底为此做了什么相对清楚，波勒蒙就没那么清楚了。但是我认为如果仔细考察那些细小的线索，我们还是可以重构他的立场。他们两个人的立场都非常有趣。在色诺克拉底这里，证言记载的是“一”和“二”这对第一原理（尽管我们仅有学述作者埃提乌斯 [Aetius] 这样并不可靠的证人）。① 前者被描述为“宙斯、奇数、理智”，还被说成是“具有父亲的角色，在天上统治”，后来的描述似乎又将其与《斐德罗》神话中的宙斯（246e）联系在一起，这个神没有超越物理的宇宙，而是居于物理宇宙的最高区域。然而，我认为“二”在文本中似乎遭遇了极大的困难。我在过去数年间尝试以不同方式去克服它，然而至今依然感到困扰。以下是《学说》（*Placita*）中出现的文本：

> 卡尔西顿的色诺克拉底，阿加瑟诺（Agathenor）之子，将“一”和“二”当作神。前者是男性，具有父亲的角色，在天上统治（*en ouranôi basileuousan*），他将其称为“宙斯”、“奇数”（*perittos*）和“理智”，对他而言这也是首要的神。另一个则是女性，以诸神之母的方式（*mêtros theôn dikên*）统治着天以下的区域，对他而言这是宇宙灵魂（*psychê tou pantos*）。

在此，表面上来看女性原则似乎是“一”的配对物。她被描述为“诸神之母”，也被看作是“宇宙灵魂”，她活动的领域是“天

① *Placita*, 1.7.30, p. 304 Diels = 残篇 15 Heinze/213 Isnardi Parente。

以下”。我曾经认为，要么是埃提乌斯存在严重的误解，要么就是抄本上有破损。[①] 我坚持的理由是，我们从更可靠的来源普鲁塔克（《〈蒂迈欧〉中灵魂的创造》[*On the Creation of the Soul in the Timaeus*] 1012d-1013b = 残篇 68 Heinze/188 Isnardi Parente）那里得知，当色诺克拉底解读《蒂迈欧》（35a-b）中灵魂的创造时，他将“不可分的实体”（*ameristos ousia*）当作“一”，而将与身体相关的“可分的部分”（*hê peri ta sômata meristê*）当作“多”（*plêthos*）[②] 或“不定的二”。而灵魂作为二者的产物，则是“自我推动的数”。因此“不定的二”自身不可能是世界灵魂。 18

我倾向于认为，在埃提乌斯的文本中有一行文字遗失了，就在 *mêtros theôn* 和 *dikên* 之间，这句话提到“二”是女性，是诸神之母，他将其称为“瑞亚”（Rhea）、“偶数”和“质料”，而 *dikên* 实际上是专有名词，Dikê（正义女神）在赫西俄德的《劳作与时日》（*Works and Days*, 256-257）中是宙斯的顾问，在《礼法》4.716a 中是宙斯的“追随者”，这句话将世界灵魂描述为这两个神的后代，就像雅典娜一样（她也有可能被提及）。这样理解我们至少有了一套关于色诺克拉底第一原理体系的融贯论述，并且能够

---

① Dillon（1983），重印于 Dillon（1990）。我在 Dillon（2003）, pp. 98-107 详细阐述了我的论证。

② 这实际上是斯彪西波偏爱的描述女性原理的术语，但色诺克拉底毫无疑问也采用了这个术语。

给柏拉图主义的证言（*testimonia*）带来一些秩序。

如果上面是色诺克拉底的立场，我们就可以看到他在试图创造一套融贯的柏拉图主义学说，以此来对抗来自亚里士多德的攻击（尤其是《论天》[*De Caelo*] 1.12）。色诺克拉底策略的重要部分就是坚持对《蒂迈欧》采取非字面的解读，因为字面的解读会带来很多尴尬的结果，而这些都是亚里士多德会借机发难的。第一个问题就是物理宇宙有一个开端但是（由于工匠神武断的命令）没有终结，这在逻辑上是荒谬的。还有关于工匠神的困难，尽管他看起来是至高的神，然而他还要观看范本（*paradeigma*）或“模型”，并且据此开展创造工作，这些范本显然独立于他，并且需要与他协调。除此以外，还有以下这个奇怪之处（尽管已被现代
19 的注疏家以巧妙的方式化解），尽管蒂迈欧宣称理智不能出现在任何没有灵魂的事物之中（30b2-3），但工匠神恰恰是一个没有灵魂的理智。①

然而，一旦我们认定工匠神创世只是一个神话，这些问题就都迎刃而解了。在我看来，如此一来工匠神就仅仅变成了神圣的理智，并沉思它自身的内容，也就是所有的理念，在这个阶段它们都被设想为数，或者至少是某种数的表达，并且永恒地将其投

① 我所说的“巧妙的方式”是区分**拥有**理智（这需要有灵魂的东西）和**是**理智（这不需要拥有或成为任何其他东西）。这些都没有问题，但是在神话中工匠神并不仅仅是一个无所凭附的理智；他被呈现为一位**拥有**理智的神圣人格，因此也必然拥有灵魂。

射到基底（substratum）之上——众所周知，柏拉图没有将基底说成是“质料”，而亚里士多德，还可能包括斯彪西波和色诺克拉底，则是这样说的。这个神圣的理智也是《斐德罗》神话中的宙斯，也许还是《理想国》中善的理念。

那么《礼法》第十卷中的世界灵魂究竟是什么呢？毕竟这似乎是柏拉图在至高原理这一主题上的盖棺之语。我对此并不十分清楚，我也不确定波勒蒙在这个问题上跟色诺克拉底是否有略微不同的看法。但我认为《礼法》中的最高原理仍旧是“一”和“不定的二”。只是出于某种原因，当它们被分别考虑时就被看作是**潜在的**原理，只有当二者结合在一起时才是实现状态，而它们结合到一起的结果就是生成，整个体系里首先生成的是理念—数，之后随着运动和动机原理的加入而生成了灵魂。因为这整个过程必须被设想成永恒的和无时间性的，这样，主动的宇宙生成原理，以及引发其他万物运动的原因，实际上就是世界灵魂。

无论如何，这是一种流传到后来柏拉图主义者那里的第一原理的体系，这是一个三元结构，即神、诸理念甚至是单一的理念、质料。而我认为这套体系最早可以追溯到色诺克拉底，而他坚持不懈地将其归于柏拉图，并且引用了大量文本证据来支持这
个说法。然而这并不是老学园中出现的唯一体系，在此我们不得 20
不重提波勒蒙和大卫·塞德利。

这个问题由来已久，当我在《中期柏拉图主义者》第一章中考

察老学园的资料时就为此困扰，在那之后很久仍不能厘清。波勒蒙执掌学园近四十年，也是深受尊敬的人物，但我们对他所知甚少，除了一些逸闻趣事之外，就是少量的伦理学理论，他似乎没有任何物理学或逻辑学方面的观点。这真的可能吗？一个人怎么可能宣称自己是个柏拉图主义者，但又无视作为柏拉图伦理学基础的整个形而上学结构呢？诚然，在西塞罗的《论学园派》1.24-29 中，安提奥库的代言人瓦罗（Varro）给了我们据说是对老学园物理学的概览，但内容很明显是斯多亚学派的，没人会深入思考它们。

然而，在波勒蒙的学说中确实存在一个很小的线索，如果认真推敲就能得出有趣的结论，这也是塞德利在《斯多亚学派之神的起源》一文中抓住的关键论据。埃提乌斯对色诺克拉底的神学进行了相当详细的论述后，紧接着加了这样一句话："波勒蒙说宇宙就是神。"（*Polemôn ton kosmon theon apephênato*）

有些人注意到了这个小片段，但没有发现什么有趣之处，因为他们认为这可以被理解为"波勒蒙说宇宙就是**一个**神"，如果是这样确实没什么意思。然而如果结合上下文来看，他不可能是这个意思。因为在这里埃提乌斯是在给出不同哲学家关于至高神的看法，而不是随便一个神。这样我们就要直面这样一个证言（虽然只是学述作家的转述），波勒蒙尽管是柏拉图主义者，但认为至高的神就是宇宙本身。怎么可能是这样？

我认为我们必须首先回想一下，柏拉图在《礼法》第十卷中对此主题发表的盖棺之言，更确切地说是回顾一下他忠实的记录员，欧普斯的菲利普（Philip of Opus）为《礼法》所写的附录《埃庇诺米斯》。① 菲利普在《埃庇诺米斯》（比如在 976d ff. 和 981b-e）中，明确支持至高原理是宇宙之内的理性的世界灵魂，还有天 21
文学的研究（而不是辩证法）是最高的科学，因为这是在研究神圣理智的运动。菲利普自己大概相信这是柏拉图在此问题上的最终看法，而他实际上给出的是对柏拉图思想较为激进的理解，这种理解显然并没有被他的同事斯彪西波和色诺克拉底所认可。然而，我认为波勒蒙可能被这种观点吸引。但是如果有人接受了这种主动的第一原理，他关于宇宙整体动态结构的学说又会是什么样的呢？我们来看看安提奥库对老学园物理学的论述：

> 他们在之后（即伦理学之后）处理自然的论题，方式是将其区分为两个原理，其中之一是创造性的（*efficiens* = *poiêtikê*）；另一个则受其支配，因为从它之中某物才可能被创造出来。他们认为创造的那个，具有固有的力量（*vis* = *dynamis*），而被作用的则是某种“质料”（*materia* = *hylê*）。然而，他们主张这两者存在于彼此之中，因为如果没有任何

① 我不得不说，塔兰（Tarán 1975）对这部作品出色的编辑和讨论让我深信不疑，这就是菲利普的作品。

> 力量的作用，质料不可能聚合在一起；同样地，没有质料，力量也无处作用（因为如果不居于任何地方，无物能存在）。[1]但那两者的产物被称为“物体”（*corpus* = *sôma*），并且也可以被说成是某种“性质”（*qualitas* = *poiotês*）。

我们现在就有了由两个原理构成的宇宙，确实和斯多亚学派非常相似。有趣的是，这个宇宙也和特奥弗拉斯托斯在他的有趣短论《形而上学》（*Metaphysics*, 6a24-5）中归于柏拉图的观点非常相似。这两个原理可以被看作是“一”和“不定的二”，或者“有限”和“无限”，它们不能独立于彼此存在。这二者的结合，先是生成了数和灵魂，最终是宇宙。把主动的原理命名为 *dynamis*（力），把形式原理（因为这是它所指的）命名为 *poiotês*（性质），也可以被看作是从对《泰阿泰德》的经院式注释而来。首先是在 156a，苏格拉底将宇宙中主动的和被动的原理称为 *dynameis*（“力”的
22 复数），随后在 182a，他似乎创造了术语 *poiotês*。这样一来，即便承认安提奥库在此对这些资料给出了带有斯多亚色彩的解释，我们仍有理由认为，如果他手头没有来自老学园的资源作基础，他不可能这么做。

① 这以一种有趣的方式指向了《蒂迈欧》52d：“一切存在物都必然存在于某处（*en tini topôi*）。”

再往后一点（6a27-28），主动的原理被等同于理性的世界灵魂，主要位于天上，但弥漫在宇宙的各个部分（在这个意义上，宇宙整体可以被描述为神）。它是“完美的理智和智慧（*mens sapientiaque perfecta*），他们将之称为神，并且是某种神意，管理它统治下的万物。”我认为这些内容，都能从对《蒂迈欧》的非字面解读中得出。

我认为，就像在伦理学里一样，我们也可以看到色诺克拉底和波勒蒙的学说在侧重点上有所不同，但没有到互相矛盾的程度。波勒蒙立场的首要受益者是斯多亚学派，然后他的理论流传到了像亚历山大里亚的欧多鲁斯，尼禄（Nero）的宫廷哲学家特拉叙卢斯（Thrasyllus），甚至还有柏拉图主义化的犹太哲学家斐洛那里，他们都采取了较为斯多亚学派化的理性—神学（*logos-*theology）立场。而其他哲学家，比如普鲁塔克和阿提库斯，则更多受到色诺克拉底的影响。色诺克拉底与波勒蒙的学说为从公元前 1 世纪到公元 2 世纪的一系列柏拉图主义教条提供了基础。

我会略过逻辑学和知识论的主题，因为大部分后来的柏拉图主义者都将整个亚里士多德的逻辑体系，再加上特奥弗拉斯托斯及其追随者所进行的补充，都当作是柏拉图的。同时，老学园将所有事物分为绝对和相对两类这样的体系也没有被完全忘记，只是被当作了背景。《论学园派》中关于逻辑学的讨论（1.30-32）也很有趣，而且表明波勒蒙并没有被完全忘记。

从现在起，我们要讨论伦理学、物理学和知识论领域的一系列具体问题，但我希望已经给出足够的证据来支持我的主要论
23 点，即学派之间的论争，最初是在学园派和漫步学派之间，然后是在柏拉图主义者与斯多亚主义者还有亚里士多德主义者之间，这些都需要柏拉图主义变得比柏拉图自己留下的遗产更为正式。首先是色诺克拉底在大量关于普遍问题或具体问题的论著中为这套成体系的学说提供了框架。这并不是说柏拉图主义者曾经拥有一套铁板一块的正统教义。柏拉图主义的学说并不是从某个中心、自上而下地传下来的，而是一套自我调节的体系，其中的每个人都大致明白，作为一个柏拉图主义者意味着什么（后来，这也包括成为毕达哥拉斯主义者），并且不管是在细节上进行激烈的内部争论，还是与其他学派进行论争，都设法保留在这些界限之内。

# 第二章　普罗提诺之前柏拉图主义中的一元论和二元论倾向

我们要从柏拉图主义者的一个核心论题开始具体的讨论，就 24
是一元论和二元论的问题（我这里说的是道德上的而非形而上学的[①]），这是柏拉图传给追随者的指导性原理。

当凯罗尼亚的普鲁塔克回顾宗师柏拉图的遗产时，他毫无疑问地认为柏拉图像他一样，对世界上恶的力量有清晰的认识，也是二元论者。在他流传下来的最重要的哲学作品《〈蒂迈欧〉中灵魂的创造》中，普鲁塔克极力论证柏拉图设定了前－宇宙的无序灵魂，尽管工匠神赋予了宇宙秩序，但这个无序的灵魂仍然应该为宇宙的不完美负终极责任。他将这个说法与一系列其他似乎能佐证这类存在的文本联系起来，比如《泰阿泰德》176a说恶在这个存在领域里广泛流行；[②]《理想国》第二卷379c苏格拉

---

① 也就是说，我这里讨论的是善恶原理的二元论，而非可知与可感存在的二元论。在后一种意义上，柏拉图无疑是二元论者。

② “特奥多鲁斯，恶无法被根除。必然总有某种力量在对抗善。”

底主张神仅能对发生在我们身上的一小部分事情负责；[①]《政治家》273b-d 在关于轮回的神话语境中，提及世界“之前的状态”
25 （*emprosthen hexis*）和“古老的不和谐”（*palaia anharmostia*），它随时准备重占上风；最后，在《礼法》第十卷 896d-898c 我们看到了一个非常有趣同时又非常困难的说法：世界并不仅仅是由一个善的灵魂统治，还有另一个“具有相反力量的灵魂”（*tês tanantia dynamenês exergazesthai*）。

最后这段文本尤其引发了诸多讨论，[②]但我们似乎可以公正地说，当代学者的共识是追随车尼斯的观点，认为尽管看来如此，但柏拉图并不打算假定世界上有个“邪恶的”灵魂（*kakergetis psychê*），作为某种主动的恶的力量，在宇宙的层面上与神对立。但如果不是这样，我们就要问，在这个以及其他文本中，柏拉图究竟是在表达什么意思？

为了更好地理解这个问题，我认为需要引入柏拉图关于第一原理的体系，也就是所谓“未成文学说”里的“一”和“不定的

---

① “正如人们所说的那样，神的善不能对所有事情负责，而是仅限于人类生活的一小部分；对其中大部分他都没有责任。因为我们所拥有的善远少于恶，我们可以将善归于神，但我们必须找到别的东西来解释恶。”

② 比如 Cherniss（1954），p. 23 ff；Görgemanns（1960），pp. 193-207。Halfwassen（2012）从“图宾根学派”的视角给出了很好的概述。

二”。[1]“二”或者柏拉图有时所说的“大和小”（Great-and-Smal），在某种意义上，肯定是与“一”对立存在的，但它并不能在任何意义上被看作是主动的恶的原理。它应当被看作是除了绝对和极致简单的“一”以外，世界之所以存在的条件。不论是否按字面意思理解工匠神创造世界（我认为不应该按字面理解），[2] 其中接受者（Receptacle，或载体）的角色不过是为了解释宇宙多样性所需要的最低假设，这个宇宙容纳了所有可能的存在物，其中有些对我们而言造成了不便，因此是“邪恶的”，虽然在《蒂迈欧》30a, 52e-53a 中这个接受者被看作无序运动的来源。[3] 在
上面提到的其他文本中，也有类似的对立，即使是在《礼法》第 26
十卷中，具有“相反力量的灵魂”也只需要是为世界的多样性负责的要素。

在我看来，确认柏拉图本质上持一元论的证据来自他的追随者叙拉古的赫墨多鲁斯（Hermodorus of Syracuse），他的证言通过波菲利（Porphyry）和德西利德斯（Dercylides）传给辛普里丘（Simplicius，《〈物理学〉评注》[*In Phys.*] p. 247.30 ff = Hermodorus

---

① 然而事实上，一旦人们认识到这些确实是柏拉图的第一原理（亚里士多德在《形而上学》1.6.927a29 ff. 和其他地方有所提及），不难发现它们隐藏在《斐莱布》26aff. 的有限与无限之下，并且在《蒂迈欧》48c 和 53d 有所暗示。

② 我曾多次为这一立场辩护，尤其参见 Dillon（1997），重印于 Dillon（2012）。

③ 参见本书“导言” p. 3。

残篇 7 Isnardi Parente）。在一段很长的讨论柏拉图第一原理的文本结尾，辛普里丘说“质料（他将其等同于‘不定的二’）不是原理，这也是为什么柏拉图和他的追随者（*hoi peri Platona*）声称只有一个第一原理。”

柏拉图的外甥和继承者斯彪西波显然接受了存在两个对立原理的主张。他将这两条第一原理称为“一”与“多”（*plêthos*），并这样理解二者之间的关系：[①]

> ……我们应当假定有两条首要和至高的原理，“一”——人们甚至不该将之称为存在（*on*），由于其简单性和作为其他万物原理的地位，这是一条不成原理的原理；而另一条原理“多”，则能够通过自身促成划分（*diairesin parekhesthai*），如果我们能确切地描述其本质，我们会将其比作完全流动和可塑的质料。（扬布里柯：《数学科学通论》4，p. 15.5 ff. Festa）。

我们可能会注意到斯彪西波在此提出的“多”并不是与“一”对

① 出于我在 Dillon（1984）中提出的原因，我追随 Philip Merlan（1960），接受了扬布里柯（Iamblichus）《数学科学通论》（*De Communi Mathematica Scientia*）第四章的内容实际上大体来自斯彪西波的观点。另参见 Dillon（2003），pp. 40-46。哈弗瓦森（Halfwassen）也接受了这个立场，在他之前还有克莱默。

立的主动原理，而是在从“一”产生“划分”的时候起辅助作用，据此我们必须将世界的多样性和个体性理解成“一”不能凭借它本身做到的事情。这样的话，“多”并非“一”的对立物，而是伙伴。斯彪西波接下来确实想要否认将“善”作为的“一”的名号（作为对其舅舅柏拉图立场的“修正”），因为那会助长将“多”表述为“恶”。他问道，如果某事内在就是恶的，那么它为何要违背自身利益甚至消解自身，来辅助创造出本质上是善的存在，比如这个世界？

斯彪西波在另一处有趣的文本里也表达了这种想法，这 27
一文本被普罗克洛斯在其《〈巴门尼德〉评注》（*Parmenides Commentary*）（第七卷，p. 38.32-40 Klibansky）中保存下来。在上下文不明的情况下，斯彪西波似乎对柏拉图《巴门尼德》中的前两个假设给出了“本体论”的阐释。据此，第二个假设说的不过是“一”和“不定的二”或“多”之间的相互作用，后者对于这个由个体组成的世界的生成必不可少。普罗克洛斯声称他的引文如下（斯彪西波在此策略性地将其学说归于毕达哥拉斯主义者）：

> 因为他们（指毕达哥拉斯主义者）认为“一”高于存在，并且是存在的来源，他们甚至通过原理的状态来传递这个信息。因为他们认为，考虑到“一”本身被认为是分离和独立

> 的，不包含其他事物，[①]没有多余的要素，无物会从中生成。因此，他们引入了“不定的二”作为存在物的原理。

当然，“不定的二”贡献的是划分的过程，就像在《巴门尼德》143a-144a 所说的那样，最初导致了一系列自然数的生成， 最终生成了其余的万事万物。因此，对于斯彪西波而言，宇宙中的确有两个原理，但它们并非互相对立。第二个或是“质料”[②]原理，服务于第一个原理，促成划分和个体化，并由此产生这个世界。如果非要把这两个原理看作是互相对立的，它们就是主动的和被动的，尽管这个“被动”原理的作用只是促成本质性的宇宙过程。

这样，斯彪西波给我们留下了一个相当明确的一元论者的印象。[③]另一方面，如果我们从色诺克拉底的特定倾向中判定他是

① 这句话可能确实是有意让人想起《巴门尼德》 143a6-8：“现在只讨论我们所说的拥有存在的‘一’，并且排除掉我们说它所拥有的，只单独思考它本身……”如果是这样，它将会支持我的论点，即斯彪西波实际上是在注释第二个假设。

② 在扬布里柯的早期文本中，他使用 *hylê*（质料）来表示“多”的做法引起了一些人的疑虑，因为我们通常认为是亚里士多德（而非柏拉图）第一次把这个词当作技术性的术语来使用。 但我们不需要认为亚里士多德是这个术语的唯一发明人，即使是这样，也没有理由否认比他年长的同时代人斯彪西波借用了它。在这里，这个术语实际上是被临时使用的。

③ 我们可能会注意到，关于恶的主题，在《数学科学通论》4（p. 18.9-12 Festa）的结尾，斯彪西波声称在更高层次的现实中，没有任何丑陋或恶的东西（*aiskhron oude kakon*），这些是“一”、数或形状的领域，“但只有在最低层次，即第四层和第五层，这些层是由最低级的元素组合而成，才会产生恶，即使在那里也不是主要的（*proêgoumenôs*），而是由于堕落和未能控制与自然相符的东西。”“第四层和第五层”是相当模糊的范畴，可能分别代表有生命和无生命的物体。无论如何，在这里恶被当作宇宙体系中的某种偶然的产物。

二元论者，也不无道理。像前人一样，他认为有一对第一原理，“一”和“不定的二”。[①] 它们首先生成了数，然后是灵魂，最后是其余的创造物。这与斯彪西波非常相近（假如我们有更多——哪怕是任何——他们实际的作品，无疑就会更清楚他们之间的差别），在这个层面上，他并没有比他们更接近二元论者。但还有其他特征让他在更低的层面上，展示出二元论的倾向——某种修正的二元论。 28

我们主要是从普鲁塔克，[②] 当然还有其他人那里得知，[③] 色诺克拉底非常有趣地将宇宙做了三分，他将月下世界置于“低级宙斯”（lower-Zeus）的统治之下，这个宙斯也被认为是哈得斯（Hades）。这里的哈得斯可能与诺斯替主义式的（Gnostic-style）无知或邪恶的工匠神相差甚远；但是另一方面，他可能确实与普鲁塔克在《论德尔斐的 E》（*On the E in Delphi*, 93b-c）中提到的普鲁托 / 哈得斯（Pluto/Hades）有关系，它统治着月下世界。这一形象，与超越的神形成对比，遵循着更高的神的意愿主宰着世界的易变性。不过在这里，这个超越的神并不是宙斯，而是阿波

---

① 参见残篇 15 Heinze / 213 Isnardi Parente，这也是来自埃艾提乌斯的学术报告，遗憾的是，这个文本本身也存在问题。参见 Dillon（1986）。

② 出自《柏拉图问题》9.1007F = 残篇 18 Heinze / 216 Isnardi Parente。

③ 例如前面提到的埃提乌斯的残篇，以及亚历山大里亚的克莱门特：《杂论》5. 14 = 残篇 18 Heinze / 217 Isnardi Parente。

罗。[1] 这两个神之间的确存在对比，[2] 但并非截然对立。我们得到的是首要的和次等的神之间的对比，后者直接对物理的、月下世
29 界中的多重性、易变性和虚幻性负责。最后，这部对话之前的部分（388e-389b）也很有趣，普鲁塔克给出了类似的对比，但这次是在阿波罗和狄奥尼索斯（Dionysus）之间，我们应当记得至少从赫拉克利特（残篇 B15 Diels-Kranz）开始，哈得斯和狄奥尼索斯就以某种有趣的方式联系在一起。我们必须承认这个上下文没有提到色诺克拉底的权威，不过事实表明，是他最早在至高的存在和次级神（即统治月下世界的哈得斯）之间建立起对比。

除此以外，色诺克拉底还使用了邪恶的或恶意的精灵（daemons）这一概念，我们的资料来源还是普鲁塔克："大气中那些大的和强的自然（*physeis*）充满恶意并且阴郁，从黑暗的献祭中获得喜悦，在将它们占为己有之后，他们变成最坏的存在。"[3] 事实上，色诺克拉底用这些来解释那些令人不快或淫荡的宗教仪式，认为它们不符合神或诸神的善，但是可以安抚宇宙中那些

---

① 这里有某种文字游戏，"a-polla"（"非多"）；或者是后来由约翰·劳伦丘斯·利德斯（John Laurentius Lydus）（*De Mens*. 2.12）提出的更详尽的形式 *apothen tôn pollôn*（远离多）。这突出了至高神的单一本质。

② 正如每个名号所表示的：Apollo（"非多"），Dêlios（"清楚"），Phoibos（"明亮"）等等；而较低的神是 Plouton（"充满财富"，因而是多重性和多样性），Aidôneus（"看不见"）和 Skotios（"黑暗"）。

③ 《论伊希斯和奥西里斯》（*On Isis and Osiris*）361b。

恶的力量。[1]

这与柏拉图在《会饮》202e 中提到的精灵的本质相去甚远，更像是某种流行的观念，但是它一旦与以下说法结合起来，就有了更深远的意义。一方面是色诺克拉底关于“次级宙斯”的设定，另一方面是来自达玛修斯（Damascius）的有趣记载，[2] 他说色诺克拉底将苏格拉底在《斐多》62b 中提到的我们处于可朽身体中的存在有“某种护卫任务”的说法，理解成是指我们“提坦的”（Titanic）本质，而这一点在狄奥尼索斯这里达到顶点（*eis Dionyson koryphoutai*）。达玛修斯的引文非常模糊而且高度精练，但这背后似乎潜藏着某种俄耳浦斯教风格的（Orphic-style）“有罪的”人性观念。用神话的方式说，这个观念来自我们起源于吞噬了狄奥尼索斯的提坦神的灰烬。以比喻的和去神话的方式说，这可以被理解成是将狄奥尼索斯与哈得斯相等同，或者说与“低级宙斯”相等同，作为月下世界的主宰者，这样就能与上面谈到的《论德尔斐的 E》联系起来。我们似乎在此瞥见了所知甚少的色诺克拉底的思想世界，它指向至少是某种修正过的二元 30
论。我们存在的领域被某个不同于至高的神，甚至与他相对立的神圣存在所主宰的观念，在公元的前几个世纪还是相当流行的。

---

① 关于这个主题，参见 Schibli（1993）。

② 《〈斐多〉评注》（*In Phaedonem*）I, p. 85 Norvin = 残篇 20 Heinze / 219 Isnardi Parente。

我认为以上的讨论已经在最大程度上将二元论归于老学园了。[①] 我们可以略过新学园，因为他们几乎不相信任何事。到了公元前1世纪，我们从阿斯卡隆的安提奥库复兴的教条主义中发现了极为斯多亚学派化的体系，有一个主动的原理和一个被动的、质料的原理（参见西塞罗在《论学园派后篇》27 ff. 借安提奥库的代言人瓦罗之口对柏拉图主义哲学的阐述）。质料是“无形式的和无性质的”实体，因而它对主动原理不可能施行任何抵抗。当然，我们并没有掌握安提奥库的全部理论，但在现存的文本里，肯定没有二元论的迹象。

下一代的亚历山大里亚的欧多鲁斯也是如此，尽管他的哲学立场中有强烈的新毕达哥拉斯主义色彩，但是也没有二元论倾向。欧多鲁斯虽然接受了“一”和“不定的二”，但是在这两者之上还设定了“至高的一”（sumpreme One），它构成了甚至包括质料在内的所有存在的绝对基础。欧多鲁斯可能是创造性地借鉴了柏拉图的《斐莱布》（26d-30e），在此混合物的原因被设定为是超越和高于有限和无限这一对原理，但这个创新也明确表明了其一元论倾向。

---

① 我们对老学园的最后一位掌门波勒蒙的形而上学知之甚少，但是如果我正确地认为阿斯卡隆的安提奥库主要是基于波勒蒙对柏拉图学说的综合并做出发展，那么我们可以得出结论，尽管波勒蒙忠于他的老师色诺克拉底，但在他的思想中并没有太多二元论的迹象。参见我在本书第一章 pp. 20-22 对波勒蒙的讨论。

只有到 1 世纪晚期的普鲁塔克这里，我们才发现了二元论
的明确开端。我们已经看到他继承了色诺克拉底经过修正的二元
论，可能还有发展，但这只是故事的一部分。除了居于从属地位
的月下神，普鲁塔克还认为宇宙中有更为极端的邪恶力量。[1] 这 31
一观点以神话的形式出现在《论伊希斯和奥西里斯》中，以泰丰
（Typhon）的形象，或是在波斯教中以阿里曼（Ahriman）（阿雷
玛尼奥斯 [Areimanios]）的形象出现。在 369e 有对这一立场富有
启发性的论述：

> 因此，这个古老的信念是从神学家和立法者那里传给诗人和哲学家的，[2] 虽然来源不明，但有强大的证据表明，宇宙并不是没有灵魂、理性和指导，孤立地居于高处，它也不是由一个原理统治和引导的，就像船舵和缰绳那样，而是被恶和善的混合物组成的众多力量统治和引导。因为很显然，自然不包含任何非混合物，它不是由一个管家来给我们分配事情，就像在酒馆中从两个罐子里倒出的混合饮料。[3] 生活和宇宙则恰恰相反——就算不是整个宇宙，至少月下世界

① 我在 Dillon（2002）中更全面地讨论过这个话题。

② 他刚刚引用了赫拉克利特和欧里庇得斯（Euripides）。

③ 这个说法很有创意地暗示荷马描述的竖立在宙斯大厅的两个罐子，宙斯从这两个罐子中给人类分配善与恶（《伊利亚特》24.527-528）。

> 是异质的、多样的，有各种变化，[1]它是由两种相反的原理（*arkhai*）和两种对立的力量（*dynameis*）混合而成的，其中一条是由笔直的道路引向正确的方向，另一条则是相反的并且向后弯曲。因为如果没有什么东西可以无原因地生成，而善不能提供恶的原因，那么自然自身必然包含恶和善的创造和来源。

这两种“对立的力量”，就像《蒂迈欧》(36b-d)中灵魂的两个圆环，彼此间有某种对立的张力，据此世界的存在得以保存。在《论神谕的荒废》(*On the Obsolescence of Oracles*)428f ff.中，“不定的二”正是“恶的”原理，并显示出它在普鲁塔克那里，与柏拉图或斯彪西波为其设定的角色有多么不同。

> 至于至高原理，我指的是“一”与“不定的二”。后者是所有无形式和无秩序之物的要素，也被称作无限（*apeiria*）。但是“一”的本质限制着并包含了无限中的空虚、无理性和不确定性，赋予其形式，并以某种方式使其接受和容纳定义……

① 这可能是对其“修正的二元论”理论的迂回暗示。

我们注意到它“是所有无形式和无秩序之物的要素”。数和宇宙是 32
由“一”通过从“多”中“切分”出更大或更小的部分创造出来的（429a）。普鲁塔克说，“如果‘一’被去掉，‘不定的二’会再次将所有都丢入混乱，并且使其失去节奏、限制或量度。”

“二”的一个方面就是无序的世界灵魂，普鲁塔克认为这赋予了《蒂迈欧》中前宇宙状态的事物以生命，并且将其与《礼法》第十卷中“邪恶的”灵魂等同。这是他在《论〈蒂迈欧〉中灵魂的生成》（1014b）所说的：

> 因为创造并非来自不存在之物，而是来自不恰当或不满足的状态，就像房子、衣服或雕塑。因为事物在有秩序的宇宙（*kosmos*）被创造出来之前所处的状态，可以被描述为“缺乏秩序”（*akosmia*）。这种缺乏秩序并不是无形体的、不运动的，或没有灵魂的，而是具有某种形体的本质，只是没有形式也不稳定，还拥有狂乱和非理性的运动能力。这就是还未获得理性（*logos*）的灵魂的无序状态。

这个无序的要素就是柏拉图在《蒂迈欧》（48a, 56c, 68e）中所说的必然性（*anankê*），不能被仅仅看作是像质料那样消极和无特征的，而必然是积极的力量，是无序的或是“邪恶的”灵魂。然而，即使是这个存在，工匠神也可以在它之中引入秩序。《论伊希斯和奥西里斯》中的伊希斯就积极地渴望秩序。就像我前面说过的那样，普鲁塔克这套体系背后隐藏的似乎是更彻底的邪恶力量，而在此也很容易看到来自波斯的影响。

看起来在公元 2 世纪仍然有一定程度的二元论。2 世纪后期，新毕达哥拉斯主义者阿帕梅亚的努梅尼乌斯提出了一种相对二元论版本的毕达哥拉斯主义，可以与亚历山大 · 波里希斯托（Alexander Polyhistor）在公元前 1 世纪（来自第欧根尼 · 拉尔修：《名哲言行录》8.24-33）提出的论述形成对比。在后者的理论中，“二”是被“一”当作“质料”产生出来的，结果就是一套本质上一元论的体系，它看起来代表了毕达哥拉斯主义思想更早的流
33 派。这一传统中，距离努梅尼乌斯更近的前人，加德斯的莫德拉图斯（Moderatus of Gades）和杰拉萨的尼各马可（Nicomachus of Gerasa），并没有清楚表明自己在“一”和“二”关系上的立场，但根据现存的作品，他们似乎采取了相对一元论的立场。然而，努梅尼乌斯在关于质料本质的论述中（由卡尔西迪乌斯 [Calcidius][①] 保存下来），看起来是一个坚定的二元论者。他将质料与“不定的二”以及普鲁塔克提出的“邪恶的灵魂”等同起来，并且批判那些持以下观点的毕达哥拉斯主义者们（可能还包括莫德拉图斯）：

① 《〈蒂迈欧〉评注》（*In Tim.*）chs. 295-299 = 残篇 52 Des Places。

> 不定的和不可测量的“二”，是由“一”脱离自身本性并进入“二”的形式而被创造出来的，这是非常荒谬的：那些之前不存在的开始存在，因此质料是来自神的，并且从“一”生成不可量度和无限的“二”。

他接着（33 ff.）将质料描述为流动的和无性质的，但仍是主动的恶的力量，他还批判斯多亚主义者将其说成“中立的和居间的本质”。他指出，对柏拉图而言，形式和质料的混合物，而非质料本身才具有这样的性质。他还像普鲁塔克一样，诉诸柏拉图在《礼法》第十卷中的学说。

努梅尼乌斯提出的二元论，同样适用于人类个体的构成。我们更低等的、非理性的灵魂来源于宇宙中恶的、物质的灵魂，努梅尼乌斯在此显然比其他柏拉图主义者走得更远，他提出在我们之中具有从质料中流溢出的分离的灵魂，它自身大概还有“恶的”能力。波菲利在说到努梅尼乌斯的独特学说时，[①] 的确将灵魂描述为“非理性的”（*alogos*），但他可能是在某种宽泛的意义上使用这个词，将其与神而来的理性灵魂进行对比。在努梅尼乌斯的思想中，第二个灵魂是独特的二元论要素，这让人想起圣保

① 《论灵魂的力量》（*On the Powers of the Soul*），残篇 253 Smith = 残篇 44 Des Places。

罗（St. Paul）在《罗马书》（*Romans* 7:23; 8: 7-8）中所说的“我的教众中的罪恶之法”，以及对抗意气的战争，意气并不是非理性的，而更像是完全堕落的灵魂能量的来源。而这似乎也与奥利金（Origen）在《论第一原理》（*De principiis*）第三卷第 4 章中
34 的有趣说法有关：他讨论了这样的假设，即我们拥有的不是柏拉图式的三分或两分的灵魂，而是两个不同的灵魂。此论述所针对的直接目标似乎是某种诺斯替主义（因为他们引用了《圣经》，尤其是圣保罗的说法），但奥利金对努梅尼乌斯很熟悉，而且也确实考虑到了他。无论如何，这似乎是某种努梅尼乌斯和诺斯替传统的兼容并蓄。

总之，直到 2 世纪末，普罗提诺继承的柏拉图主义（阿莫尼乌斯·萨卡斯 [Ammonius Saccas] 除外，我们对他所知甚少）都具有独特的二元论倾向，并且能够引用柏拉图来佐证其观点（尤其是普鲁塔克）。尽管我坚信柏拉图自己不论看起来如何，实际上都是人们所说的“修正的一元论者”；也就是说，他完全认识到了世界的不完美和恶的存在，并认为那是不可根除的，但他最终并不相信存在积极的对抗着善或“一”的力量。

我们有的仅仅是消极的力量，不管是“不定的二”、无序的世界灵魂还是“接受者”，都是这个世界存在不可或缺的条件，但引入多样性的附带后果就是生成了诸多不完美。正如我们所见，这种构想证实了他的后继者赫墨多鲁斯的说法，他宣称柏拉图只

承认一个第一原理。普罗提诺后来以更加明确的方式回归到这种一元论，以此直接回应了努梅尼乌斯很强的二元论，还有那个时代的诺斯替主义者。据我们所知，普罗提诺与那些诺斯替主义者之间有某种互动。[①]

① 普罗提诺对他们的反对集中于他的论著《驳诺斯替主义者》(*Against the Gnostics*,《九章集》2.9 [33])，但也可以看到他在其他地方对他们进行了侧面的攻击。此外，波菲利在《普罗提诺传》(*Life of Plotinus*) 第 16 章告诉我们，普罗提诺在讲课中经常攻击诺斯替主义的立场。

# 第三章　理念是神的思想

柏拉图的理念作为神的思想这一概念的确切起源，是柏拉图主义历史中长期存在的难题，我在很多作品中都多少有点粗暴地忽略了这个问题。[①]在目前研究柏拉图主义作为哲学体系的发展这一背景下，我很高兴有机会回到这个问题。我想首先回到1954年奥德丽·里奇（Audrey Rich）的开创性论文。[②]里奇在那篇文章中提出的论点是，这个概念的出现（无论什么时候——她猜测是在希腊化早期）是对亚里士多德在《形而上学》第十二卷中提出的作为思考自身的理智的那个“不动的推动者”的回应，来自“将理念论与亚里士多德的内在形式学说相协调的愿望”（p. 132）。 35

在我看来，里奇的这个猜想大致正确，但她在理论起源的归属问题上过于谨慎。我认为，并且在此之前多次论证过，发展出这种理论所需要的不过是，不按照字面意思去理解柏拉图在《蒂

① 比如 Dillon（1977）, p. 95; Dillon（2003）, pp. 107-111。

② Rich（1954）, pp. 123-133。

迈欧》中关于工匠神的本质与活动的论述（尽管亚里士多德的理论和嘲讽毫无疑问也起到了促进作用）。而且我们知道柏拉图的直接继承者斯彪西波和色诺克拉底都坚持这一立场。[1] 人们一旦同意工匠神和他在时间中进行的创造活动，包括观看一个与他不
36 同并且在逻辑上高于他的范本的说法仅仅是一个神话，那么另外的可能性就或多或少变得自然了，即一个永远进行创造活动的神圣理智按照他理智中的内容，也就是一个理念 / 形式原理的系统，去塑造物理宇宙。我认为斯彪西波在如何理解这种运作方面不如色诺克拉底那么敏锐，所以我想要转向色诺克拉底。[2]

首先，关于色诺克拉底神学的内容，在我们正式讨论对其的猜测（无论有多么合理）之前，最好是区分开我们知道的或我们认为自己知道的。根据埃提乌斯的说法（《学说》1.7.30，p. 304 Diels[3] = 残篇 15 Heinze / 213 Isnardi Parente），我们大概可以认为，对于色诺克拉底而言，最高原理不管怎样肯定是理智。该文本的相关部分内容如下：

卡尔西顿的色诺克拉底，阿加瑟诺之子，将“一”和“二”

① 亚里士多德《论天》279b32 ff. 的批注 = 斯彪西波 残篇 61 Tarán。

② 毕竟，对斯彪西波而言，最高原理是（超越存在的）“一”和“不定的二”或“多”（*plêthos*），因此工匠神的创造活动，还有理念的生成（及其投射于“质料”基底来形成物理世界）扮演了世界灵魂的角色。

③ 最初来自斯托拜乌斯（Stobaeus）：《文选》（*Anth.*）1.36 Wachs。

> 当作神。前者是男性，具有父亲的角色，在天上统治，他将其称为“宙斯”“奇数”和“理智”，对他而言这也是首要的神。

这样，我们就有了首要的神（*prôtos theos*），他既是单一的也是理智（在普罗提诺之前的哲学家看来，这两个特征之间似乎没有矛盾）。正如我们从普鲁塔克（《论〈蒂迈欧〉中灵魂的创造》1012e）那里得知，色诺克拉底将“一”等同于《蒂迈欧》35a中工匠神创造世界灵魂时“不可分割和不变的”要素。后面这个说法似乎令人困惑，但是如果我们记住上面提到的，色诺克拉底没有按字面意思理解《蒂迈欧》中关于创造的论述，那么就不会出现这样的问题。这必然或多或少将工匠神与色诺克拉底所说的“理智－一”（nous-monad）等同起来，并且正是将这个存在与他的第二个原理“不定的二”（以“划分为不同物体的实体”为代表）混合起来才产生了灵魂。

如果以上的说法正确，那么在我看来，接下来只需要猜测 37
神圣理智的内容就够了。对此，虽然没有明确的证据支持，但我们仍能得到一些提示。毕竟，我们对色诺克拉底的理念论有所了解，尽管这些了解主要来自亚里士多德充满敌意的记载。亚里士多德愤慨地（或嘲弄地）[①] 说到，色诺克拉底将理念等同于数，

① 比如《形而上学》8.1028b24 ff.; 13.1076a20 ff.; 14.10856a5 ff.。

但他没有指明色诺克拉底将它们置于何处。然而，从特奥弗拉斯托斯在他用疑难方法写就的小书《形而上学》[①]（2.10.5b26 ff.）中，我们可以得出结论说，有些柏拉图主义者（可能是色诺克拉底）的第一原理结合了亚里士多德的不动的推动者（特奥弗拉斯托斯刚对此提出了一些问题），还有某种更主动的原理，这个主动原理源于对《蒂迈欧》去神话化的解释。特奥弗拉斯托斯在此提出的问题是，如果第一原理希望它所有的产物都是最好的，那么它们为什么不都是同样好的：[②]

> 如果从最好的东西里面产生的也是最好的，那么天体应该从第一原理那里得到比旋转更好的东西，除非它们被阻止得到任何更好的东西。**因为显然，第一和最神圣的东西也希望一切最好的东西。**但也许这是过度的和不该追求的，因为这么说就是要求所有的东西都相似，并且处于最好的状态，这会使它们之间只能表现出极小的差别或者没有差别。

这可能不是一个非常有效的批评。然而，对我们而言重要的是，这是在批评**什么**。这肯定不是在批评亚里士多德的第一

① 它的真名可能是《论第一原理》（*On First Principles*），或是《基本问题》（*On Basic Problems*）。

② 我在 Dillon（2002b）中讨论了这段文本。

推动者，因为它不希望任何东西。这个存在似乎结合了亚里士多德的第一推动者与《蒂迈欧》中那个去神话了的工匠神，后者的确“希望一切尽可能好”（《蒂迈欧》29e）。[1] 而且我认为，这个存在正是色诺克拉底希望他的“理智 - 一”所拥有的状态。那么，我们在这里看到的就是具有某种外向意向性（outward- 38
directed intentionality）的第一推动者。如果没有一些关于事物，及其最好状态是什么的观念，它就不可能希望所有的事情都是最好的。那么，我们就有了一位有思想的神，这些思想形成了物理现实。

为了支持这一点，第欧根尼·拉尔修（《名哲言行录》3.13）还记录了同时代的西西里的阿尔西穆斯（Sicilian Alcimus）[2] 的有些愚蠢的证言：“每个理念都是永恒的，是一个思想（*noêma*），并且不受变化影响。”阿尔西穆斯并没有说明究竟是谁在思考这些作为思想的理念，但根据上下文，这不可能是个人的心灵。理念必然是某个永恒思考者的思想。没有必要将这个说法当作是对柏拉图本人学说的误解而抛弃，[3] 它很可能反映了色诺克拉底执掌

[1] 我认为黑体部分是对《蒂迈欧》这段文本很明确的联想。

[2] 阿尔西穆斯撰写此书的目的是为了证明柏拉图最好的想法都是从埃庇卡穆斯（*Epicharmus*）那里借来的，我们必须承认这是一种西西里沙文主义（Sicilian chauvinism）。

[3] 毕竟《巴门尼德》（132b ff.）中提出的反对理念是思想的论证可能与这里的讨论并不相关。那是反对主观性的论证，即把理念仅仅理解成由人的灵魂构造。

学园时的公认立场。

最后，也遭到亚里士多德嘲讽[①]的色诺克拉底的灵魂定义——“推动自身的数”（*arithmos heauton kinôn*）似乎表明，由于理念被色诺克拉底当作是数，灵魂所做的就是推动由理智印于其上的理念，并进一步将它们投射到世界之中。灵魂给它从理智那里获得的理念添加了**运动**（motion），这个运动既是在可动性（mobility）的意义上，又是在推动力（motivity）的意义上。

因此，虽然只有间接证据，但是老学园中至少从色诺克拉底开始就有了理念是神的思想的学说，这一点还是非常有可能的。[②]我们现在要考察发展的下一个阶段，对此我们有更坚实的证据。

39 首先，我们必须转向阿斯卡隆的安提奥库。2012 年 3 月，一本关于安提奥库的优秀论文集出版，这是 2007 年 7 月在剑桥举行的一次会议的产物（我没有参与其中）。[③]参与者们对于安提奥库可能持有某种形式的理念论的态度让我很感兴趣。乔纳森·巴恩斯（Jonathan Barnes）曾经在一篇很有影响力的论文中主张用

① 《论灵魂》1.2.404b27-28 等（= 残篇 60 Heinze /165-187 Isnardi Parente）.

② 虽然我们没有波勒蒙关于理念或其恰当位置的明确证据，但没有理由认为他会在这个问题上不认同色诺克拉底的立场。

③ Sedley（2012）。

“严苛的”态度理解现有的证据，[1]而这基本上否认了我们可以将任何类似柏拉图的理念论归于安提奥库。这一观点被诸如查尔斯·布里顿（Charles Brittain）等学者接受。然而毛罗·博纳奇（Mauro Bonazzi）和大卫·塞德利的解释更为“慷慨”，我对此表示赞同。只是这两种观点似乎都没有对安提奥库忠实的追随者马库斯·特伦提乌斯·瓦罗（M. Terentius Varro）提供的证据予以恰当的关注，而我则会关注这些证据（见下文）。

威利·泰勒在1930年发表的观点认为，[2]理念是神的思想是安提奥库本人的创新。从前面的内容可以看到，我并不认为这个理论是安提奥库的创造，但我确实认为安提奥库给它带来了一些新的变化。在我看来，这种变化源于安提奥库彻底采纳了斯多亚学派的形而上学。而这又来自于安提奥库的判断，斯多亚学派关于神及其与世界关系的学说，可以被认为仅仅是对柏拉图在《蒂迈欧》中提出的学说的形式化，就像后来色诺克拉底和波勒蒙在学园里所做的合理化那样。这种合理化，首先就是对工匠神创造灵魂和世界的论述进行去神话处理，这样工匠神就成了神圣理智，他的行动就是永恒的，而不是在某个时间点开始的，他也不需要依靠任何外在的“范本”，而是将自己理智中的内容应用于行

① “Antiochus of Ascalon,” in Griffin & Barnes（1989）, pp. 51-96（特别参见附录 E）。

② Theiler（1930）。

动。我认为，如果说波勒蒙对此有所贡献，那就是说明了这个神
40 圣理智并不是超越于宇宙之外，而是内在于宇宙的，如果我们可以从埃提乌斯[1]公认非常大胆的学述记载(“波勒蒙宣称宇宙是神”)中得出结论。我已经在本书第一章中详细讨论过这个问题。

这也将我们带到与斯多亚学派相当接近的立场，就像波勒蒙的学生季提昂的芝诺论述的那样。唯一仍不确定的问题是，波勒蒙是否仍然相信只有非物质本质才符合神、理念和灵魂的性质，还是说他已经准备好接受在后来学园的某些人（例如彭都斯的赫拉克里德斯）那里流行的理论，[2]即至少是灵魂，可能还包括至高的神，是由一种非常特殊的火（可以与亚里士多德的以太[aether]相类比）构成的，星体也是由它构成的。

我在此只是尝试性地提出这种可能，它对我的整体立场而言并不重要。没有必要否认芝诺和他的追随者有一定程度的原创性，将“工匠之火”（*pyr tekhnikon*, craftsmanly fire）的学说发展为构成宇宙中主动原理的恰当质料，这可以被看作是对芝诺之前几十年中一直困扰着学园的非物质和物质本质之间相互作用模式的合理解决方案。毕竟，我们可以从柏拉图的《智者》248c中得

---

① 斯托拜乌斯：《文选》1.36.5，就在上面讨论过的色诺克拉底的观点之前。事实上，我并不完全清楚色诺克拉底是否将这个至高无上的“理智 - 一”视为是超越宇宙的，因为他将其视为“在天上统治”。但我认为不该在这个方向走得太远。

② 参见残篇 98-99 Wehrli。

出关于这个论题的关键说法（包括芝诺和后来的安提奥库似乎都是这样推论的）：“我们提出，作为一个存在的充分标志就是其中存在着作用或被作用的力，无论是与多么微不足道的事物联系在一起。”一个显然的结论就是，一事物不能作用于其他事物或者被其他事物作用，除非它们有一些共同的性质或实体，而那就是一定程度的物质性。

这里，我有偏离主要论点的危险，不过这完全是因为我想要澄清我想坚持的那种立场的背景。我想说，安提奥库不必感到接受斯多亚学派关于工匠之火（*pyr tekhnikon* 或 *pyr noêron*）的学说，会与他作为老学园支持者的立场相冲突，我们需要不断提 41
醒自己，他对这个机构中的观点比我们了解的要多很多。在我看来，如果接受了这一点，安提奥库就可以用非常柏拉图式的语言来描述理念，就像他（或者他的代言人瓦罗）在《论学园派》1.30-32 所说的：“那是永远简单、统一且与自身相同的东西”——这差不多就是从《斐多》78d 中直接借来的表述；同时将这些理念或者理念的系统当作 *logoi spermatikoi*（种子理性）的体系，它构成了宇宙理性的内容，而这个理性对他来讲不过是对《蒂迈欧》中的工匠神和世界灵魂的更新与合理化。当然，在安提奥库可能非常乐意接受的斯多亚体系中，宇宙理性的内容反映在我们这些个体灵魂的内容中，因为我们的灵魂仅仅是从宇宙理性中射出的火花。这样，理念也可以被看作是我们灵魂中的概念（*ennoiai* 或

*prolêpsei*s）。然而，这并不会使它们成为纯粹主观的存在，因为它们只是反映了宇宙理性中的种子理性。

在我看来所有这些都是非常合乎逻辑的发展，而且安提奥库在描述他的理念论时也带有某种在我们看来的模糊性。但我必须承认，对于那些受到巴恩斯影响的学者来说，这一切看起来都非常异想天开。引用巴恩斯本人在上面提到的论文中的说法："任何重构安提奥库思想的尝试都需要幻想和想象力。但幻想必须对证据负责，想象力必须承认一个令人清醒的事实：我们对安提奥库所知甚少。"对此我的回答是，如果一个人不准备（明智地）使用幻想和想象力，那么他最好不仅不要研究安提奥库，而且也不要研究整个老学园和中期柏拉图主义。这些研究都取决于人们将什么当作"证据"。而像巴恩斯和布里顿这些人所青睐的类似法庭辩护律师的态度，不可能让我们走得很远。

说完了这些，我们来考察一下我认为可以支持安提奥库认为理念就是神的思想的决定性证据，这段文本来自他的追随者瓦
42 罗，保存在奥古斯丁的《上帝之城》（7.28）中。[1] 尽管这里上下

① 巴恩斯主义者们（例如大卫·布兰克 [David Blank] 在上面提到的论文集中的论文）认为，假定瓦罗代表了安提奥库在哲学问题上的立场过于轻率，这显然是荒谬的。瓦罗在许多领域确实是一个非常博学的人；在哲学方面，西塞罗和奥古斯丁根据他们手头的证据，也证明了他是安提奥库的忠实信徒，没有理由怀疑这一点。Tarrant（1995），pp. 79-82 对这段文本做了有益的讨论。

文有点奇怪，但是也足够有说服力。我会长篇引用它，因为它可以从整体上帮助我们了解瓦罗持有的安提奥库式的神学观念：[①]

> 那么出于什么目的，这位最精明的学者瓦罗，想要用最精致的论证来把所有这些神灵归结为天和地呢？这是不可能的。这些神从他身边逃离，从他的手中跳开，从指缝漏掉，滚落到地上。在谈到这些女性，即女神之前，他说：
>
> "就像我在第一卷讨论处所的时候说过的那样，[②]人们认为诸神的起源有两个，天空和大地。因此一些神被称为属天的，另一些被称为属地的。我在前几卷中从天开始，谈论雅努斯（Janus），有些人说他就是天，也有人说他是世界。现在我要从泰鲁斯（Tellus）开始谈论女神。"
>
> 我能理解具有如此范围和性质的理智遇到的困难。某种可能的论证让他将天看作主动的原理，将地看作被动的原理，并据此把男性的能量归于天，女性的能量归于地。但是他没有考虑到这两个领域的活动，都是创造了它们的那个存

① 奥古斯丁在这里引用了瓦罗的巨著《人事与神事考》（*Antiquitates rerum humanarum et divinarum*）的最后一卷（第 41 卷，这本书的后 15 卷都在讨论关于神的问题）。在最后一卷中，他讨论了"选中的众神"，即希腊罗马万神殿中的主神。

② 从《上帝之城》6.3 看来，这是《人事与神事考》第二部分的第 4 卷，或整部作品的第 29 卷。

> 在的活动。[1]瓦罗在前面几卷里[2]采用了这种阐释来处理萨摩色雷斯（Samothrace）备受赞誉的秘仪。
>
> 43 他以庄严的祈祷（采用了某种宗教口吻）开始，承诺要在著作中解释这些教义，并将它们的含义传达给萨摩色雷斯人，他们并不理解它们的意思。事实上，他说通过研究萨摩色雷斯的证据能得出结论，其中一个形象代表天，另一个代表地，还有一些原型（archetypes），柏拉图称之为“理念”。瓦罗说朱庇特（Jupiter）应当被理解为天，朱诺（Juno）是地，而密涅瓦（Minerva）则是理念。天是创造者，地是质料，理念为万物的创造提供了范本。我忽略了柏拉图赋予理念极大的重要性，对他而言，天并没有创造出任何东西，然后用它们当范本；天自己就是这样被创造出来的。

奥古斯丁试图通过诉诸柏拉图《蒂迈欧》（37d）的字面解释来驳斥瓦罗。根据这种解释，天与世界上其余的一切都是被创造的，但这么说只是表明了瓦罗 / 安提奥库的依据是对这一对话去神话

① 奥古斯丁在这里加入了一些对自己（基督教）立场的宣传。事实上，我们在这里看到瓦罗像安提奥库一样，采用了斯多亚学派对宇宙中主动和被动原理的基本区分，前者象征着天空和男性的神，后者是大地和女性的神。他毫无疑问假设了更进一步的、更高的神，他“创造了两者”。

② 也就是说，他在第 40 卷中讨论了“不确定的神”，即难以确定身份的神。萨摩色雷斯的几个大神（Kabeiroi）的身份是非常不确定的，因为他们是前印欧系统的神，但可以尝试将他们与狄俄斯库里（Dioscuri）联系在一起，他同时具有属天的和冥府的方面。

化的、斯多亚学派化的解释，根据这一解释，工匠神成为斯多亚学派的主动原理（*to poioun*），接受者 / 载体则成为被动原理，而范本是主动原理所具有的创造性的理性—原理（*logoi*）。

从这段解释中，我们可能会特别注意到瓦罗以一种很自然的、看似毫无争议的方式，引入了密涅瓦（雅典娜），因为她从宙斯的头里面诞生，这可以代表全部理念都是神的思想。瓦罗并没有试图将这个概念作为某种创新介绍给读者，只是把它当作公认的东西加以利用，作为传达萨摩色雷斯大神寓意的基础。这显然告诉我们，瓦罗拉对话的思想界对于理念是神的思想这一概念的接受程度。

我认为，斯多亚学派化的理念是神的思想的学说，是阿斯卡隆的安提奥库提出的柏拉图主义的特征。 现在让我们考察一下接下来的发展。

这出现在安提奥库之后半个世纪，柏拉图主义化的亚历山 44
大里亚的犹太哲学家斐洛的作品中。斐洛实际上是第一位明确表达理念是神的思想的作者，不幸的是，这使得一些斐洛学者，比如米兰的罗伯托·拉迪奇（Roberto Radice）在《亚历山大里亚的斐洛的柏拉图主义宇宙创造论》（*Platonismo e creazionismo in Filone di Alessandria*）[1] 中称他是这个概念的发明者。这个说

① Radice（1989）。

法显然是站不住脚的，但是也有一部分功劳要归于斐洛。斐洛继承了一种柏拉图主义，它似乎从安提奥库提出的较为斯多亚学派化的形而上学，演变为一种新的、强调神的超越性和非物质性的观念。之所以产生这个转变，部分原因在于公元前一世纪中叶复兴的毕达哥拉斯主义传统。这可能与亚历山大里亚的欧多鲁斯有关，他和斐洛是同时代人，比斐洛年长一些，他们甚至还可能有些交往。无论如何，我们在斐洛，尤其是他的《论世界的创造》(*De Opificio Mundi*)中看到了这样一个体系，其中有三个要素，第一个是超越的至高神；第二个是理智世界(*kosmos noêtos*)，它被称为神的"内在理性"(*logos endiathetos*)；第三个是理性(*logos prophorikos*)，它创造了物理宇宙并且维系着这个宇宙。比如在《论创造》16中我们看到了以下对神的创造活动的描述：

> 神，因为他是神，事先就理解，美的摹本(*mimêma*)必然出自于美的范本(*paradeigma*)，并且任何感觉的对象都不会是没有错误的，除非它是在原型和理智的理念世界中被塑造的。在决定创造我们这个可见的世界之后，他首先创造了理智世界，从而可以用非物质的、最神圣的范本来创造物理世界，从这个更古老的范本中生成了那个更年轻的摹本，它包含的可感存在物的种类，与原初的理智世界的存在物种

类一样。

这其中的很多内容显然来自《蒂迈欧》（28a-b，48e 等），但非常不同的是，范本现在只不过是神圣理智的内容。斐洛继续（17- 45
18）向我们展示了一位建筑师被委托建造一座美丽城市的生动画面，有了所有的装备（他脑海中可能正想着亚历山大里亚的原始规划！），并且在头脑中有了整个规划作为模型，然后根据这个模型来建造这个城市。这就是神与物理宇宙的关系。对这个例子的详细描述无疑是斐洛自己的工作，但是例子本身可能不是他原创的。它与西塞罗在《论演说家》（*De Oratore*）第 8 章中使用的例子有一定的相似性，这个例子使用了雅典雕塑家菲迪亚斯（Pheidias）与他的宙斯和雅典娜雕像，而这个例子可能来自安提奥库（虽然“严苛学派”会提出异议，因为这里并没有提到安提奥库的名字）。但也有一个显著的不同，菲迪亚斯被认为是在沉思某种类似“柏拉图式的”理念的东西，而建筑师只是利用了自己的专业知识。然而，正如我们将在稍后看到的那样，这两个意象似乎都能被结合到阿尔西努斯在他的《教学》（*Didaskalikos*）第 9 章提到的艺术家的例子。我们现在就来讨论它。

当然，从斐洛那里可以得到更多证据，但是我在此的目的并不是要系统地考察后来柏拉图主义传统中理念是神的思想这一概念，而只是想确定这个概念的出处，因此我们可以不用全面考察斐洛对这个概念的使用。从表面上看，他的主要贡献（尽管我不认为这是他的原创）[①] 是理智世界（*kosmos noêtos*）的概念，不过即便是这个，也不过是对《蒂迈欧》30c-31b 中提到的“理智的生物”（*noêton zôion*）所做的去神话解读。

让我们来考虑一下阿尔西努斯（现在我们不能再将他与阿尔比努斯 [Albinus] 混同起来了）。他是一位有些神秘的人物，但可以较为合理地认为他生活在公元 2 世纪中期。他的《教学》或
46 《柏拉图主义手册》，并不是一部追求原创性的作品。事实上，有证据（包括第 12 章中或多或少逐字引用的段落）表明他的作品基本上是对公元前 1 世纪后期的阿里乌斯・迪迪穆斯（Arius Didymus）类似作品的“更新”。[②] 无论如何，他都不太可能受到斐洛的影响。

他在第 9 章给出了一个关于柏拉图主义理念学说相当大胆的概括。这段话值得大段引用：

---

① 我们可能会注意到洛克鲁斯的蒂迈欧（Timaeus Locrus）使用了短语 *idanikos kosmos*（存在于观念中的宇宙，30）。就算他生活在斐洛之后，也不大可能依赖斐洛的说法。这种影响更可能是相反的，因为斐洛至少知道伪毕达哥拉斯的著作，例如卢卡尼亚的欧塞卢斯（Ocellus Lucanus）的著作（参见《世界的永恒性》[*On the Eternity of the World*] 12）。

② 我反对 Göransson（1995），他提出了一些相反的论证，但并没有让我信服。

> 质料是一个原理，[①]但柏拉图也设定了其他原理，一个是范本即理念，另一个则是神、父亲和万物的原因。理念就它与神的关系而言，被认为是神的思想（*noêsis*）；就它与我们的关系而言，是我们思想的首要对象（*proton noêton*）；就它与质料的关系而言，是量度（*metron*）；就它与可感世界的关系而言，是范本；就它与自身的关系而言，是本质。因为一般而言，我们可以将之概念化的一切事物，都必须参考在先存在的某种范本（*paradeigma*）产生，就好像一件事是从另一件事物中衍生出来的，就像我的画像来自于我。并且，即使模型不是永恒存在的，但无论如何，每个艺术家都在他自身之中有模型，并将它的结构应用于质料。

关于“是什么东西的理念?”这一问题，他接着说道，“理念是神永恒和完美的思想”。关于“是否存在理念这样的东西?”这个问题，他论述道:“无论神是理智还是拥有理智，他都有思想，而这些是永恒不变的。如果是这样，理念就存在。”

我们在此看到理念是神的思想这个理论的一个“经典的”或成熟的形式，它被阿尔西努斯当作柏拉图的基本学说。事实上，无论神是理智还是拥有理智，他都有思想这一说法，被用作前提

① 他在此前的一章处理了这个问题。

来论证进一步的结论，即理念存在。我们也可能会注意到这里提
47 到的艺术家的例子，在他脑海中有一个观念，他将其转移到画布上，或者石头、青铜之中。这似乎在西塞罗的菲迪亚斯和斐洛的建筑师之间搭起了桥梁，并且表明这个意象在阿尔西努斯时期已经是老生常谈，经常被用来支持理念是神的思想。

在比阿尔西努斯早一些的普鲁塔克的著作中，理念是神的思想或理性这个前提也出现了很多次，尽管不像我们在阿尔西努斯那里看到的那样直接。比如在《论神圣复仇》（*De sera numinis vindicta*）550d，我们看到他将神描述为所有道德善的范本，从而确定追求德性就是“与神相似”（*homoiôsis theôi*）。作为理论声明，这可能并不像人们希望的那样明确，但我们可以将其与《论伊希斯和奥西里斯》（373a-b）中的一个引人注目的段落结合起来，其中奥西里斯被比喻性地作为神的理性，充满了 *logoi*，并将它们印在质料上，就像印在蜡上的形象一样（这指向了《泰阿泰德》191 ff.）。此外，我们还看到在奥西里斯的“灵魂”和“身体”之间的区分，前者是居于神灵魂中的理性，后者是理性流溢出的状态，它为物理世界注入内容，这很像我们在几代人之前的斐洛那里看到的情景。

事实上，在公元 2 世纪后半叶雅典的柏拉图主义者阿提库斯的作品中，我们可以看到对这个学说的清晰阐述。在一篇题为《驳那些要通过亚里士多德阐释柏拉图的人》（*Against Those who*

*Claim to Interpret Plato through Aristotle*）的论战性短论中，[①] 有大量文本被凯撒利亚的教会作家尤西比乌保留下来，他数次赞扬柏拉图的理念论（残篇 7 Baudry）：

> 正是在这方面柏拉图超越了所有其他人。就与理念的关系方面，他认识到神是万事万物之父、创造者、主宰和守护者；在与质料性的创造进行类比中，他认识到工匠（*dêmiourgos*）首先形成他所要创造的事物的观念（*noêsai*），然后将这种相似性应用于质料，他通过类比得出结论，神的思想（*noêmata*）先于物质对象，是生成之物的范本（*paradeigmata*），是非物质性的、理智的，始终保持同一。 48

这段文本看起来触及了所有的方面，它暗示了《蒂迈欧》（神是父亲和制造者、工匠、范本），还有《斐多》（“始终保持同一”），同时提到了艺术家或工匠的创造过程。

然而，这还不是故事的结局。有种令人困扰的说法，发源于普罗克洛斯（《〈蒂迈欧〉评注》1.394.6 ff. Diehl），通过与他相识的波菲利传播开来。他批评阿提库斯将范本（也就是理念）当

---

① 可能是反对和他同时代的漫步学派的阿里斯托克勒斯（Aristocles），阿弗洛狄西阿斯的亚历山大（Alexander of Aphrodisias）的老师，阿里斯托克勒斯曾大胆地撰写作品（也被尤西比乌引用），赞扬柏拉图是亚里士多德很有启发但不够完美的前辈。

作与工匠神（也就是至高的神）不同并低于他的东西。人们不知道该怎么处理这段文本，但阿提库斯可能是为了保留理念的客观性，他并不认为将理念与至高的神分离，但在本体论上低于他，同时又通过这个最高的神实现理智化（intelligized），会产生什么问题。[①] 无论如何，关于理念的确切地位问题一直持续到下个世纪的朗吉努斯那里，他是雅典学园的掌门，还是波菲利去罗马见普罗提诺之前的老师。在《普罗提诺传》（*Life of Plotinus*）第 18 章中，波菲利讲述了自己在普罗提诺的课上如何产生了这个想法，经过长时间的辩论又如何接受了普罗提诺的观点，即理念在工匠神的灵魂中，当然，在普罗提诺这里唯一的修正是，工匠神现在不再是最高的原理，而是次要的那个，即理智，而它是高于理念的。

到了公元 2 世纪中叶，人们似乎已经就理念的本质是神灵魂
49 中的思想达成了共识，但是在那个世纪后期，随着阿提库斯（我怀疑还有新毕达哥拉斯主义者努梅尼乌斯，我在这里并没有讨论

① 我们可能会注意到，阿提库斯（与普鲁塔克，还有柏拉图主义者德谟克利特 [Democritus] 一起）也受到叙利亚努斯（Syrianus）的批评，他在《〈形而上学〉评注》（*Commentary on the Metaphysics*）（p. 105, 35 ff.）中说到，由于阿提库斯认为“理念是普遍的理性原理，永恒地存在于灵魂的实体中。因为即使将它们与可感物体中存在的共性（*koinotêtes*）区分开来，也不应该将灵魂中的理性原则和所谓的有质料的理智，与作为范本的、非物质的理念，还有工匠神的理智混淆在一起”。这使得问题进一步复杂化。参见 Alexandra Michalewski（2014）中的细致分析。

他），[1] 问题开始出现：理念居于其灵魂中的这个造物神是不是最高的神，还是由于他的理智包含着某种二元的存在，使他不能达到绝对统一，因而也失去了成为至高神的特征？

我们从问题开始，又以问题结束，这似乎具有某种有趣的讽刺意味。我将就此结束这里的讨论。然而，我们可能会注意到，对于下个世纪的普罗提诺而言，理念在理智这个毫无疑问是次要的神圣原理之中，而非"一"这个最高的原理之中，因为在普罗提诺看来，认识理念的那种自我思考是与第一原理的绝对同一状态不相容的。

① 努梅尼乌斯的观点很有意思，因为他在至高无上的神——"父亲"（他将之描述为**静止的** [*hestôs*] 理智），与次等的神，即工匠神（他在创造过程中是主动的）之间做出了区分（残篇 12, 15 Des Places）。理念居于二者中的哪一个呢？可能以不同的模式存在于两者之中，但我们缺乏支持这一点的证据。

# 第四章　作为柏拉图主义伦理学框架的存在等级

现在我们要从形而上学转向柏拉图主义的伦理学，尽管仍然 50
要关注这种伦理体系背后必不可少的形而上学预设。现代伦理学的一个突出特征是，随着宗教或系统哲学基础的消亡，很难再确定一系列基本的原则用来继续推进。[1]但这并不是包括柏拉图主义在内的古代伦理体系的问题。

当然，从柏拉图自己（即便不是苏格拉底）那时起，柏拉图主义伦理学就已经与存在的结构联系起来，即有一个真实存在的领域，它由宇宙理智或理性的世界灵魂掌控，其内容是一组理念，而生成变化中的物理世界是对它（必然是不完善）的复制或投射。人类奋斗的目标，即目的（*telos*，这是后来的术语），就在于尽可能将我们从对物理世界的关注和对身体充满激情的依恋中解放出来，不断努力去发展我们自身中最像真实存在领域和

① 对于当代“德性伦理学”（在很多方面非常接近古代伦理学）的一个有代表性的论述，参见 Swanton（2003）。

统治着它的理智，这个部分也可以被称为神。从这个意义上说，人类奋斗的目标可以被描述为让自己“与神相似”（*homoiôsis theôi*），而这可以通过实践诸多德性或整体的德性来实现。[①]

51 我相信这个对柏拉图主义伦理学的大胆概括，并没有太多歪曲老学园内的情况，也就是直到大约公元前 275 年的情况（虽然在第三任掌门波勒蒙的时候，强调的重点可能有所转移，我们稍后会看到这一点）。此后，出现了两个复杂的因素，它们主导了接下来两个世纪左右的讨论。第一个是由阿凯西劳斯发起的怀疑主义转向，经过各种修正一直影响到公元前 1 世纪早期拉里萨的斐洛（Philo of Larisa）时代，在此期间，即便学园对于人生的目的有什么立场，我们也无法清楚得知。[②] 第二个因素是阿斯卡隆的安提奥库在公元前 80 年代发起的对教条主义的回归，他显然将“依据自然生活”这个斯多亚学说当作了人生的目的（参见西塞罗:《论至善与至恶》 2.34），至少他毫不犹豫地把这种学说归于老学园的最后一位掌门波勒蒙和亚里士多德:

① 当然，我们不能忽视就连亚里士多德也认为进行沉思（*theoria*）使我们与神相似，并带给我们真正的幸福（*eudaimonia*），尤其是在《尼各马可伦理学》10.7 中。

② 新学园的阿凯西劳斯和卡涅阿德斯似乎也提出将“幸福”当作目的（塞克斯都 · 恩披里柯:《驳学问家》7.158, 166），但附带条件是这至多是基于或然性（*to pithano*）的，可以通过 *epokhê*，即“悬置对印象的认可”来实现，这是否可以和“与神相似”或“依据自然生活”相容并不确定。

> 这是一个泉眼，从中必然流出所有善和恶的理论。波勒蒙，还有在他之前的亚里士多德认为，首要的对象就是我刚才提到的（即健康的身体、健全的灵魂和舒适的环境）。因而产生了老学园和漫步学派的学说，他们认为善的目的（*telos agathôn*）是按照自然生活，也就是伴随着德性去享受自然赋予我们的首要礼物。

正如人们经常指出的，这个目的与斯多亚学派的目的并没有差别，除了它相对提升了身体和外在善的地位。因此至少从表面上看，它并不指导人们超越物理的现实领域，尽管安提奥库可能认为有这样的效果，而这取决于他有多接近斯多亚主义。当然，如果他有理由将“依据自然生活”这样的表述归于波勒蒙（我认为他确实这么做了），[1] 那么这种对目的的表述就不必排除更高层次 52
的现实，如果自然（*physis*）可以指事物的普遍本质，那对于任何名副其实的柏拉图主义者而言，它都包括一个“更高”的真实存在的领域。

事实上，如果我们关注西塞罗《论法律》（*De Legibus*, 1.25）[2]

① 参见 Dillon（2003），pp.160-165。

② 哈罗德·塔兰特最近在一篇很有助益的文章（Tarrant［2007］，pp. 421-424）中讨论了这个问题。我们还发现这个结合在亚历山大里亚的斐洛那里得到了有趣的表达，例如在《亚伯拉罕的移居》（*Migration of Abraham*）128，他将其归于摩西（Moses）。

中的有趣段落，就可以看到在带有强烈安提奥库特征的语境中，[1]通过实践德性，人与神之间建立了明确的联系。西塞罗刚刚说过（1.23）理性（*ratio, logos*）是人类与神分有的东西，因此遵循自然法则也就是表达神圣理性，也就意味着遵从神：

> 此外，人类的德性与神是相同的，而其他物种没有理性。[2]德性只不过是一个人的本性变得完美而且达到了（卓越的）巅峰：它因此蕴含了人与神的相似性。[3]

正如塔兰特所言（前引），最后一句话也可以，而且通常都被表述为“因此，人与神有相似之处”。但事实上，正如他主张的那样，在这个上下文中，这两种表述传达了相同的信息，也就是通过实践德性，就像前面提到的服从自然法，不仅使我们与自然和谐相处，而且构成了人与神的相似。因而，在安提奥库的“合乎自然”的目的，与后来柏拉图主义者的“与神相似”之间并不一定存在

---

① 参见 Dillon（1977），p. 80。

② 这不是否认其他动物有可能表现出这种或那种“自然”德性，而仅仅是说，这些德性因为缺乏理性，所以与神毫无共同之处。

③ *Iam vero virtus eadem in homine ac deo est, neque alio ullo in genere praeterea; est autem virtus nihil aliud nisi perfecta et ad summum perducta natura: est igitur homini cum deo similitudo.*

根本区别。[1]

不管怎样，在以亚历山大里亚的欧多鲁斯[2]为代表的下一代柏拉图主义者对目的的表述中有更明显的彼世特征（over-worldly），或者说在“垂直的”方向上做了修正，而不是安提奥库那种明显“横向的”、斯多亚学派化的方向。在后来的时代，[3]欧多鲁斯似乎第一个复兴了柏拉图在《泰阿泰德》176b 中的表述：“**尽可能地**与神相似”（*homoiôsis theôi kata to dynaton*），尽管我们将会看到，他似乎对此也做了有趣的修正。斯托拜乌斯的记载如下（2.49.8 ff.）： 53

① 我赞同塔兰特对《论法律》这段话的分析，因此倾向于修改我在《中期柏拉图主义者》（例如，pp. 122-123）中的立场。我们还可以补充，亚历山大里亚的斐洛肯定是一个折中派思想家，但是他并不盲从，他在不同的地方采用了关于目的的两种表述方式（比如在《论逃亡与发现》[*De fuga et inventione*] 63：“与神相似”；《论十诫》[*De Decalogo*] 81：“符合自然”；在《亚伯拉罕的移居》138 提到了两者），这进一步表明后者可以用前者来解释。

② 正如我依然主张的（参见 Dillon [1977]，p.116），我们能够接受阿里乌斯·迪迪穆斯提出的一系列疑难（*problêmata*）（斯托拜乌斯：《文选》2.45.7 ff.）代表了欧多鲁斯的学说，这些疑难紧接着他对欧多鲁斯的著作《对哲学论述的划分》（*Diairesis tou kata philosophian logou*）伦理部分的论述，他告诉我们这些论述也是以问题化的方式呈现的（*problêmatikôs*）。这个假设受到了 Göransson（1995）的挑战，尽管在我看来没有充分的理由，就像他那本古怪的书中其他许多论述一样。

③ 我认为，我们不能确定这种表述在老学园期间，曾以任何正式的方式被当作生活目的的定义，因为定义 *telos agathôn*（善的目的）本身，似乎不会早于斯多亚学派。但是另一方面，正如我们已经看到的，安提奥库决意将斯多亚学派的目的概念的前身归于波勒蒙，所以我们必须认识到这种可能性。

> 苏格拉底和柏拉图同意毕达哥拉斯的观点，即目的是“与神相似”。然而，柏拉图加入“尽可能地”从而更清楚地界定了这一点，也就是说，只有通过智慧才能符合德性。因为神的角色是创造宇宙和管理宇宙，而智慧者的角色是确立某种生活方式和行为，荷马似乎暗示了这一点，他说，“他追随女神的脚步”。（《奥德赛》5.193; 7.38）①

这段文本有诸多值得注意的方面。首先是柏拉图（还有苏格拉底！）与毕达哥拉斯之间的明确联系，而不是像安提奥库倾向的那样与亚里士多德和斯多亚学派联系起来。当然，这种联系不会与斯彪西波或色诺克拉底的倾向相悖，但确实代表了与安提奥库观点的背离。

54 然后是 *kata to dynaton*（尽可能地）这个说法，《泰阿泰德》中的苏格拉底，很明显否认了与神完全相似的可能性，但在欧多鲁斯那里，它变成了我们**能够**变得与神相似的能力，即理智，他用 *phronêsis*（智慧）来代表理智活动。必须承认，这是对希腊文 *kata to dynaton* 的一种合理解读，因为柏拉图紧接着说：“相似意味着在智慧（*phronêsis*）的帮助下变得正义和虔诚。”但是尽管如

① 斐洛在《亚伯拉罕的移居》128 中也暗示了这段荷马的文本：“每当灵魂走上德性之路时，就走上了正确理性和追随神的道路（*kat' ikhnos*）。”

此，现代解读者将 *kata to dynaton* 理解为谦虚的否认，几乎可以肯定是正确的，而我们在这里看到的是一种经院化的倾向，这种倾向占据主导地位要到晚得多的新柏拉图主义时期，但在公元前 1 世纪就已有所显露。根据这种倾向，神圣的柏拉图说过的每一句话都应该被赋予完全的语义分量，不论这是否符合语言习惯。

我们“与神相似”现在以一种有趣的方式得到发展，智慧者①确立了一种生活方式（*katastasis biou*），它与神创造宇宙相似，而智慧者维持生活（*zôês diagôgê*）②与神对宇宙的管理也相似，对此阿里乌斯（或欧多鲁斯?）使用了两个很难读的合成词，其中后者 *kosmodioikêtikos*（统治宇宙）在其他任何地方都没有出现过。③“确立一种生活方式”大概是指符合德性的生活，包括将一个人的生活从无序带入秩序，这类似于神从混沌（无论是否预先存在）中规划宇宙。④

阿里乌斯 / 欧多鲁斯现在继续（斯托拜乌斯：《文选》2.49.16

① 我们可能会注意到，这里只有智慧者（*sophos*）能与神相比，而不是每个人。但这是公平的，因为这里的比较是基于德性的实践。

② *Bios*（生活方式）和 *zôê*（生活）之间的区别可以用这种方式来理解。

③ 在这里我们可以不去讨论这种比较是否一定意味着要承认在时间中进行创造。我认为它没有。但它的确表明要将《蒂迈欧》中的工匠神与至高的神等同起来。

④ 在这里，我们无需关注这段文本中的最后一个要素，即引用荷马来加以确证。在《奥德赛》第 5 卷中，奥德修斯追随女神卡里普索（Kalypso），或许更引人注目的是在第 7 卷中他追随雅典娜（伪装成一个小女孩）。这是一个早期迹象，显示了有人用柏拉图主义而非斯多亚主义的方式对荷马进行寓言化的解读。

55 ff.）区分了柏拉图讨论目的的三种模式，这恰好对应了色诺克拉底首先（至少是明确地）主张的将哲学区分为三个部分：物理学、伦理学和逻辑学。在《蒂迈欧》最后（90a-d）可以发现“物理”模式，尤其是在 90d 出现了所有的关键术语：*synhepomenon*（追随），*exhomoiôsai*（相似），*telos*（目的），这是柏拉图在这个上下文中唯一使用 *telos* 的地方。① 它被认为是“物理的”，大概是因为出现在揭示宇宙结构的《蒂迈欧》之中；在特拉叙卢斯编辑的版本中，《蒂迈欧》的副标题是“物理学”（*physikos*）。

对欧多鲁斯而言，严格意义上的“伦理”目的出现在《理想国》10.613a 中。② 苏格拉底在讨论正义之人的幸福时说：“因为诸神不会忽略努力变得正义的人，以及通过实践德性，尽人之可能地（*eis hoson dynaton anthrôpôi*）让自己与神相似的人（*homoiousthai theôi*）。”这也与特拉叙卢斯的分类一致，《理想国》被归类为“政治学”（*politikos*），而政治学是伦理学的一部分。

最后，《泰阿泰德》从“逻辑”的角度给出了目的，大概是因为逃离这个存在的领域并让自己与神相似的论证，基于这

---

① 我们也可以在 90c 注意到“就人的自然能分有的不朽而言”这一表述，它可以被看作是对《泰阿泰德》176b 中“尽可能地”（*kata to dynaton*）更加小心的说法。

② 瓦克斯穆特（Wachsmuth）认为这里指的是 9.585b-c 和 10.608c ff.，不过我认为可能性不大，虽然它们与整体的主题也并非毫无关系。另一个有趣的文本是 6.490a-b，在那里柏拉图提到人类灵魂的恰当部分追求的不是神，而是真理，即理念。

样一个前提，即在这个领域中“必然始终有一些与善对立的要素”，或许是因为这篇对话在欧多鲁斯的时代被视为主要关注逻辑学和认识论（在特拉叙卢斯编辑的版本中，被说成是“尝试性的”[*peirastikos*]）。

我们或许认为这种划分略微有些奇怪，它毫无疑问来源于某种经院式的对完整性的关注。神圣的柏拉图必然要被认为在所有三个公认的哲学领域都论述了目的，但是我们可能也注意到，这里的顺序并不是安提奥库最喜欢的伦理学、物理学、逻辑学（参见西塞罗：《论学园派前篇》19），而是最初由色诺克拉底提出的顺序：物理学、伦理学、逻辑学（参见塞克斯都：《驳逻辑学家》1.16）。

以上就是中期柏拉图主义刚开始的时候，伦理学与存在结 56
构的关系。我们现在可以转向杰出的柏拉图主义者凯罗尼亚的普鲁塔克了，他活跃于公元一二世纪之交的那几十年。对于普鲁塔克而言，目的（*telos*）就是与神相似（*homoiôsis theôi*），正如我们从《论神圣复仇》一个引人注目的段落（550d-e）中看到的那样，借由他兄弟提蒙（Timon）之口将一些鲜明的特征引入学说之中：

> 首先考虑一下，正如柏拉图所说的那样，神将自身作为所有卓越的范本，而人的德性以某种方式与神相似（*exho-*

> *moiôsis*)，并且所有“追随神”的人都可以获得。而这事实上也是普遍自然变化的起源，起先是无序的，随后通过模仿和分有神的形式和卓越，变成了有序的“宇宙”。同一位哲学家进一步说，自然点燃了我们的视觉，让灵魂看到天体的运动并惊奇于所见，灵魂由此接受和看重所有在庄严和秩序中运动的事物，厌恶不和谐和错误的激情，回避漫无目的和杂乱无章，将这些当作所有恶与不和谐错误的根源。因为人从神那里能得到的最大福祉，就是通过复制和渴望他的美和善得到德性。

在我看来，这个宣言里有许多值得注意的特征。首先，普鲁塔克说“神将自己作为范本”，由此给出了关于“与神相似”的一种更为个人化的观点。在《泰阿泰德》的核心文本里，侧重点是在这个过程中个人努力的必要性，甚至在176e中也没有提到神的活动，而是提到了一个范本（*paradeigma*），更确切地说是两个范本（*paradeigmata*），一个是神圣的，另一个是无神的。范本只是在那里，并没有强调它是被**放置**在那里的。因此，我认为我们可以在此看到，相较于柏拉图的文本，普鲁塔克更强调神的能动性。

其次，我们可以看到普鲁塔克引入了他自己的前宇宙混沌状
57 态的学说，并暗示不仅人类个体的灵魂，而且世界灵魂（也就是

"普遍自然"），都被神吸引到与他自身的相似之中。[①] 这是对柏拉图提出的与神相似的原初概念的进一步延伸，尽管他无疑会赞同这一概念，因为它提供了将其应用于个人的宇宙论背景。

最后，还有把"相似"学说与《蒂迈欧》（45b; 47a-c）联系起来的例子：年轻的诸神（在这里普鲁塔克说是"自然"）赋予凡人以视觉能力，目的是给我们灵魂中无序的冲动带来秩序。对此柏拉图大概也不会反对。整段文本为跨越几个世纪的柏拉图主义学说的系统化程度提供了证据。[②]

由此，我们可以从普鲁塔克的证据中得出这样的结论：伦理学说与存在等级理论的联系，在公元1世纪后期得到了显著的加强和系统化。接下来让我们转向阿尔西努斯的《教学》或《柏拉图主义手册》，来看看2世纪中叶的情况。我认为我们可以在阿尔西努斯这里看到，"与神相似"这一理想中的内在张力开始涌现出来，而这个张力在普鲁塔克那时还一直处于遮蔽状态。朱莉

---

① 我们在《狄昂传》（*Life of Dion*）10.2（De Lacy 和 Einarson 提醒我们注意）中找到了一段很好的文本，普鲁塔克说狄昂试图说服僭主狄奥尼修斯二世（Dionysius II）接受柏拉图的教导，"从而使他的品格可以受到德性原理的约束，并且符合所有存在里面最神圣和最美丽的模型，由于服从了这个指引宇宙从无序变得有序"，这也再一次赋予"与神相似"一个宇宙论的维度。

② De Lacy 和 Einarson 还提到了普鲁塔克在这里引用的有趣证据，不仅有《蒂迈欧》本身，还有洛克鲁斯的蒂迈欧的伪毕达哥拉斯学派著作《论世界的本质》（*On the Nature of the World*）第11章。因为普鲁塔克用"点燃"（*anapsai*）和"观看天体的运动"呼应了洛克鲁斯的蒂迈欧的用词，而不是《蒂迈欧》中的任何内容。

娅·安纳斯（Julia Annas）在她的非常有益甚至带有突破性的研究《柏拉图主义伦理学旧与新》（*Platonic Ethics, Old and New*, 1999）中表达了这种看法。她的说法值得大段引用（pp. 63-64）：

> 德性就是变得与神相似的观念可以用不同的方式来阐释，而柏拉图并没有意识到这些差异。中期柏拉图主义者也
> 58 没有，例如阿尔西努斯将各种文本放在一起，好像它们显然支持同一个观点。然而，在我们产生优越感之前，应该反思，这些立场之间的差异对我们而言显而易见，是因为我们觉得变得像神一样这个观念很奇怪，因此会研究这些说法的上下文，以便发现如何去阐释它。而另一方面，对于柏拉图和古代的柏拉图主义者而言，变得有德性就是变得与神相似的观念，还有与之相关的另一个观念，即变得与神相似或有神性就是过一种将自身与理性等同起来的生活，在直观上非常显然，在感情上也很有说服力，这两个特征解释了在他们没有对这个观念的不同形式有更高的敏感度……
>
> 造成这种情况的部分原因可能是神的观念中存在不确定性。如果变得与神相似就是按照理性生活，那么它只需要一种非常普通的，实际上是传统的德性实践，也就是理性活动。神在这里就只是理性，它被理解为我们之中神圣的部分，而无需将理性理解为某种和我们通常认为不同的东西，

> 即某种能够指导实践和理论的东西。但如果变得与神相似是逃离我们世界中混杂的善与恶，那么对神的理解就非常不同了，是某种在人类经验之外完美的东西，不能用人的语言来表达，但依然是人应该试图模仿的对象。

在我看来，安纳斯发现了“与神相似”这个概念之中最为重要的张力。事实上，这种张力似乎从未被我们到现在为止考察的那些思想家们意识到，但是我认为，安纳斯对阿尔西努斯的评价略失公允。[①] 阿尔西努斯至少在某种程度上体现了与当代柏拉图主义思想家接近的考虑。人们肯定会问，实践四主德（智慧、勇敢、节制、正义）为什么会让我们更接近神？毕竟神不会去实践这些德性，也没有任何需要去实践这些德性，至少是以我们熟悉的方式去实践它们。一个世纪之后，普罗提诺在《九章集》I.2中，通过设定一套德性的等级体系来解决这个问题，[②] 这四个德性是“净化性的”（*kathartikai*），而在神那里这四个德性是范本
性的（paradigmatic）。但在中期柏拉图主义者中，并没有这种解 59
决方案的任何迹象。阿尔西努斯的解决方案如下（《教学》第

---

① 尽管有点不情愿，但她实际上认识到了这一点，她接下来说：“像阿尔西努斯这样的柏拉图主义者模糊地意识到这里有一个困难，这个困难来自于忧虑有德性的人要与之相似的对象是哪个神。”（p. 64）

② 我在 Dillon（1983）中讨论了这个问题。

28.181.36-45）：

> 他（即柏拉图）有时候说目的是要让自己与神相似；有时候说目的是追随神，比如（《礼法》4.715e）："就像古老的传统说的，神掌握着开端和结束"，等等；而有时候两个说法都用，比如（《斐德罗》248a）："灵魂追随神并使自己与神相似"，等等。因为开端就是善，而它是依赖神的，所以，从这个开端出发，目的就是让自己与神相似，**我们的意思当然是天上的神，而不是超越天上的神，后者不拥有德性，他高于德性**。

当然，这个解决方案只有在人们能够确定"天上的神"和"超越天上的神"之间的区别时才成立，而欧多鲁斯似乎没有做出这个区分，因为对他而言，至高的神似乎仍然是《蒂迈欧》式的工匠神。[①] 事实上，在公元二世纪之前，柏拉图主义体系中几乎没有任何神的不同等级，或者原理的不同等级。[②] 不可否认，普鲁塔

---

① 虽然据说他在至高的"一"与"二"之间做出了这个区分（辛普里丘:《〈物理学〉评注》181.10 ff. Diels）。

② 我并不想说理性或世界灵魂是次等的神，尽管它们确实起到了很重要的中介作用，比如在亚历山大里亚的斐洛的体系中。

克在几个地方不太认真地讨论了次等的神，[1] 但那个形象比我在这里寻找的形象更加模糊，而且他也没有将次等的神与他对目的的讨论联系起来。只有到了努梅尼乌斯那里（他可能与二世纪后期的阿尔西努斯是同时代人），我们才有了首要和次要的神之间的明确区分，只有后者才与管理世界直接相关（例如残篇 12, 15 Des Places）。但是另一方面，我们不知道努梅尼乌斯是否将他们与关于目的的讨论联系起来，而这完全是因为我们对努梅尼乌斯的伦理学一无所知，尽管我们或多或少确定，他会接受“与神相似”这个目的。

因此，中期柏拉图主义者基本上没有解决这个张力，尽管阿 60
尔西努斯已经将问题确定为与“超越天上的神”（*hyperouranios theos*）相似。这里隐藏着的问题，只有到了普罗提诺的讨论中才清楚地表现出来，那就是柏拉图主义伦理学以自我为中心的特征，它特别关注让激情从属于理性，以及将所有人从与物质世界的联系中解脱出来。然而在我看来，从犹太—基督教的角度来批评这一点，与我们目前的讨论几乎毫无关系。

---

[1] 我在此主要想到的是普鲁塔克在《论德尔斐的 E》（394a）中提到那个与阿波罗对立的狄俄尼索斯的有趣形象，他具有某种月下世界的工匠神的特征。

# 第五章　苏格拉底主义者卡涅阿德斯

我希望在本章[①]中探讨一个问题，虽然多年来它已经引起了相当多的关注，[②]但我认为并没有从现在的角度得到处理。这个问题就是，柏拉图主义内部所谓的“新学园”或怀疑主义学园，在多大程度上能被看作，而且也将他们自己看作是对柏拉图主义的苏格拉底根源的回归，这种根源逐渐被所谓的“老学园”中的斯彪西波、色诺克拉底、波勒蒙等人的教条主义所掩盖。我希望着重探讨居勒尼的卡涅阿德斯（前 214—前 129），“新学园”在他那里达到了高潮。[③]他对柏拉图“早期”和“中期”对话中某些苏格拉底立场的研究和阐释，鼓励他发展出了不同程度的“或然 61

---

① 本章是为 2014 年在加拿大安大略省金斯顿的皇后大学举办的格里高利·弗拉斯托斯纪念讲座而写的，因此在本章中会频繁出现他的名字。

② 我在这里仅仅提一些权威人物：Long（1967）, Stough（1969）, Frede（1983）, Striker（1983）, Ioppolo（1986）, Bett（1989）。

③ 我们可能会注意到，阿凯西劳斯和他的直接继任者经常被说成是“中期”，而不是“新”学园（例如塞克斯都·恩披里柯：《皮浪主义纲要》1.220），“新学园”这一称号留给了卡涅阿德斯和他的直接继任者。

性”（假定这是对 *pithanotês* 的恰当翻译）理论。[①]

62 我们知道，这正是格里高利·弗拉斯托斯提出的一个基本原则：人们可以在某些“早期”柏拉图对话中找出一套苏格拉底的哲学方法和一系列苏格拉底的哲学命题，从而与柏拉图的说法区分开来。他在一系列著名的文章和著作中探讨了这个原则，[②] 他虽然经常在细节上严厉地纠正自己，但始终坚持某些主要论点。其中一个论点与我们目前的研究息息相关：尽管众所周知苏格拉底反复否认自己拥有知识，但实际上他仍然觉得自己“知道”很多东西，至少是在某种意义上的“知道”。我在此首先要做的是，回顾一系列主要来自《申辩》和《高尔吉亚》的关键段落，它们都是苏格拉底学者熟知的，弗拉斯托斯也反复讨论过它们，这些文本既确立了苏格拉底所宣称的无知，又包含了他对一些深刻信念的主张，从而形成了一个明显的悖论，同时也指出了对这个悖论的解决途径。我的观点是，如果弗拉斯托斯能够从中辨别出解决这个悖论的方法，那么像卡涅阿德斯这样的古代柏拉图主义者也可以。

---

① 我认为“有说服力”（persuasiveness）或许是更准确的译法，之后我也会采用这个译法。无论如何，我们说的都不是任何**统计学意义上的**或然性，正如迈尔斯·伯恩耶特（Myles Burnyeat）在他未发表论文《卡涅阿德斯不是或然论者》（Carneades was no Probabilist）中所说的那样。

② 主要是 Vlastos（1991）和 Vlastos（1994），后者包含一些重要的早期论文的修订版。我主要参考后者。

瓦西里斯·波利提斯在《柏拉图早期对话中探究的结构》(*The Structure of Inquiry in Plato's Early Dialogue*)[①]一书中，对柏拉图早期对话中苏格拉底式的疑难法（aporetic method）进行了深入的研究，他确定了苏格拉底研究中的两个极端立场，“怀疑论的苏格拉底”(Socrates the Sceptic)和“有洞见的苏格拉底”(Socrates the Visionary)，这两种立场的代表分别是迈克尔·福斯特(Michael Forster)[②]和凯瑟琳·罗维特（Catherine Rowett，之前姓奥斯本[Osborne]），[③]但是这两种立场显然比这两位代表历史久远得多。福斯特认为，苏格拉底疑难法的目的是证明，可朽者不可能获得知识（特别是伦理领域的知识，但是也包括作为结果的所有其他领域），只有神或者诸神才能获得。罗维特则持有相反的主张，认为苏格拉底的疑难是为了表明，我们不需要“传统的”**命题**知识才能拥有智慧或幸福，苏格拉底辩证法的目的是让我们能够获 63
得另一种不同类型的知识，即对真理直接的、非论证式的**洞见**，比如在《理想国》中，护卫者在接受了完整的辩证法教育之后拥有的那种知识。

这两种观点都可以引用早期对话中的许多段落来佐证自己，但波利提斯宁愿将它们放在一边，而采取某种中间立场。我同意

① Politis（2015），p. 10.

② 参见 Forster（2006），pp. 1-47, Forster（2007），pp. 1-35。

③ 参见 Rowett（2014）。

他的做法。最大的问题是应该怎样表述这个立场?

毫无疑问,我们都熟悉《申辩》中的著名段落(21b-23b),苏格拉底告诉法官们他如何理解自己的使命,即到雅典各处去质疑那些自认为在某个领域具有知识或专业技能的人,并运用他发展出来的诘问法(*elenchus*)向那些人证明,他们不能对自认为知道的东西给出前后一致的论述。我们必须强调,苏格拉底的目的是让他们具有更健康的心智,成为更好的人。我们回顾一下,他给出的正式结论看起来毫不妥协:

> 但是先生们,实际上确实如此,事实上只有神[①]才是智慧的,而他的这个神谕就是在告诉我们,人的智慧(*anthrôpinê sophia*)只有极少的价值或者毫无价值。在我看来,他并不是真的在说苏格拉底,而只是用我的名字为例,就好像在对我们说:"你们中最智慧的人是像苏格拉底那样的,他意识到在智慧方面他真的毫无价值。"(23a-b)

但这实际上并不是整个故事,即使在《申辩》中也不是。在稍后

① 我很清楚地知道,将 *ho theos* 翻译为"神"可能会显得太像一神论,它可以简单地翻译为"那个神",指阿波罗,但我认为柏拉图(无论苏格拉底如何认为)的确是想通过这个说法来表达更普遍的意思,即"神性"。

的演讲中（29c-30b），苏格拉底向法官们指出，怀着对他们的尊重，即使他能够在这场审判中免罪，他也不会放弃这种令人生厌的生活方式，他给出了我认为是最具启发性的告白：他的首要关 64
切并不是向自己和他人证明，没有人可以获得任何配得上被称之为知识的东西。他更关心的是指导他的雅典同胞去关注真正有价值的东西，也就是他们的灵魂（29d）：

> 好吧，正如我所说的，假设你们给出这些条件并判我无罪，我会这样回答你们："先生们，我是你们非常感恩和虔诚的仆人，但是我更加顺从神而不是你们，只要我还能呼吸并拥有自己的能力，我将永远不会停止从事哲学和劝诫你们，并向我所遇到的每一个人证明（*exeiknumenos*）。"我将以我惯常的方式继续说，"我的好朋友，你是一个雅典人，这个城邦因为智慧和力量而成为世界上最伟大、最有名的城邦。如果你只在意尽可能多地获得金钱、声望和荣誉，而不去理会或不思考智慧（*phronêsis*）、真理（*alêtheia*），还有你的灵魂，并使灵魂尽可能好，你难道不感到羞愧吗？"

在我看来，柏拉图让苏格拉底的立场发生了重大变化。在这个过程中，他让苏格拉底放弃了之前说的只关心探求阿波罗说出的谜题。现在他的使命更加积极，在这里诘问法只是初步的"软化"

策略。① 他的真正使命是让同胞们有更健康的心智，将灵魂的善看得高于身体的或外在的善，并将灵魂作为人之中真正有价值的部分来加以关心。

65 此外，这项使命还包括大量积极的学说，至少是“有用的假设”。事实上，在上面引用的段落中，苏格拉底称自己不仅仅是“从事哲学”（*philosophôn*）和“劝诫”（*parakeleuomenos*），而且还“证明”（*endeiknumenos*），这是一个很强的词。在司法语境下，*endeixis* 类似“起诉书”，说明了所控诉的罪行；在更一般的语境中，它的意思是“证明”。在欧里庇得斯的《酒神的伴侣》（*Bacchae*, 47-48）的序言中，神狄俄尼索斯用这个词来宣告他（非常坚定）的意图：

> 因此，我要向他（即彭透斯 [Pentheus]）和所有忒拜人证明（*endeixomai*），我生来就是神。

① 我一直认为，苏格拉底声称是凯勒丰（Chaerephon）向神提问开启了他的神圣使命这个说法听起来非常可疑，而且我怀疑法官们从来都没有相信过他（就算相信也不会改变他们的心情！）。首先，凯勒丰作为苏格拉底的粉丝为什么去问这样的问题，假如不是在很长一段时间里，苏格拉底已经是我们所知道和喜爱的那个苏格拉底了，也就是说已经完全以苏格拉底的方式生活了？我并不怀疑神谕确有其事，我怀疑的是它是否削弱了苏格拉底对自己动机的描述。事实上，在我看来，这是一个很好的例子，可以支持弗拉斯托斯所说的“复杂的反讽”（参见他的《苏格拉底》[*Socrates*, 1991]，第 1 章，pp. 31 ff.）：在这个戏谑的故事背后有苏格拉底的严肃信念，即他在某种意义上被神召唤去矫正那些华而不实的技术“专家”，以及实际上是所有人，矫正他们对知识的虚假自负。

而这就是他接下来要去做的事情，哪怕后果是毁灭性的。除此以外，这个动词经常被演说家（德摩斯梯尼 [Demosthenes]，埃斯基涅斯 [Aeschines]，安多基德斯 [Andocides] 等）用于法律语境中。

所以柏拉图让苏格拉底说出这个动词非常有趣。苏格拉底接着（29e）所说的话清楚地表明了他的意思：

> 如果你们中的任何人对此（即不关心自己的灵魂）提出反驳，声称自己关心这些事情，我不会立刻让他离开或离开他。不，我会质疑他、考察他（*exetasô*）、诘问他（*elenxô*）；如果他虽然如此宣称，但似乎还没有拥有德性（*kektêsthai aretên*），我会责备他忽略了至关重要的东西，而把注意力集中于琐事。我会跟遇到的每一个人谈论这个话题，不管是年轻人还是老年人，外邦人还是同胞，但主要还是你们，我的同胞们，因为你们与我更为血脉相连。我能够向你们保证，这是神所吩咐的，而且我相信，在这个城邦里，对你们来讲没有比我对神的侍奉更大的善事。

这里显然存在着一套苏格拉底遵循的原则。在这段文本的基础上，我们可以整理出如下的主要内容：

66 1. 人是由灵魂和身体组成的，但个人真正的同一性和价值在于他的灵魂。[①]

2. 人们应该培养灵魂的“善”（即德性），同时努力使自己免于过度依赖像财富和声望这些“低级的”善。

基于其他对话，比如《普罗塔戈拉》（352a-361d）和《美诺》（86c-89c），[②] 我们还有理由补充：

3. 德性或诸德性具有理智基础，它们是知识（*epistêmê*）的不同形式，或者是知识的产物。因而恶是无知的产物。[③]

也就是说，有德性的行为拥有理性基础，比如（a）它可以被教导（这可能是苏格拉底认为他正在做的事情，虽然在受到挑战时，他会否认自己知道什么是德性，而只承认是在寻求它的定义）；（b）所有恶的行为实际上都是无知的产物，因此得出结论“无人

---

① 人们可能会根据他在《申辩》结尾处的说法（40c-42a）以及《斐多》中全面的论证，增加灵魂不朽，但是这一条并不很是确定，因为《申辩》考虑到了法官们的信念，而《斐多》对于灵魂死后的命运并没有给出任何确定性。

② 柏拉图在《美诺》87a 中作为“假设”提出了这一点，就像几何学家们有时会提出的那样。

③ 当然，我意识到这个命题在《普罗塔戈拉》的结尾和《美诺》里的确构成了一个疑难，但我更愿意主张，柏拉图确实想让我们相信，这是苏格拉底的原则。

自愿作恶”。

我认为，我们还可以根据《高尔吉亚》(472e ff.) 再增加这样一条原则，我会在稍后讨论这篇对话的其他方面：

> 4. 遭受不义比做不义的事更好，如果一个人做了不义的事，接受惩罚比逃避惩罚更好。

苏格拉底在对话中提出这一点主要是为了惹恼智者波鲁斯 (Polus)，他也确实成功地达到了目的，但是我们无需怀疑柏拉图认为这就是苏格拉底持有的信念。

的确，苏格拉底在后来的对话中，提出了一系列与这一原则相关的主张，引起了很多人的关注，不仅有弗拉斯托斯，[1] 在 67
我看来，这很可能还鼓励了卡涅阿德斯提出了不同程度的说服力 (*pithanotês*)。在 507 c-d 的一个很长且充满激情的演讲中，苏格拉底主张：

> 这就是我的立场（即节制的人和好人将享有至高的幸福，而不节制的人和坏人将会极度不幸），我确信它是真

① Vlastos, “Socrates’ Disavowal of Knowledge,” in Vlastos (1994), pp. 48-66；另参见 Vlastos (1991), p. 84。

> 的。如果确实如此，那么希望得到幸福的人就必须要追求和实践节制，我们每个人都必须全力逃离无序，最好是不需要受到规训。如果无论是他自己还是从属于他的东西——不管是个人还是城邦，有这个需要，那么为了幸福，就必须接受惩罚并受到规训。

翻译为“这就是我的立场”的短语是 *houtô tithemai*，也就是说：“这就是我的**观点**”，苏格拉底说这个观点是真的（*alêthê*）。稍后（508e-509a），他更有力地说道（在更含蓄的表述之前）：

> 就像在我们之前的讨论中所说的，这些事实通过铁和坚石一样的论证（*sidêrois kai adamantinois logois*）紧紧地扣住并固定在一起（*katekhetai kai dedetai*），如果说得粗略一点，至少看起来就是如此。除非你或一个比你更有力的人能够解开它们，否则不可能有比我所说的更正确的话。因为我说的话总是一样的：**我不知道这些东西究竟是什么**（*hoti egô tauta ouk oida hopôs ekhei*），但是我确实知道，在我之前或现在遇到的所有人中，没有人能提出另一种观点而避免使自己成为笑柄（*katagelastos einai*）。

有人可能会问（事实上很多人都已经问了），这到底是怎么回事？

一方面，苏格拉底绝对相信他的论点正确，人们很难改变它被
铁和坚石般的论证所束缚的状况！[1]另一方面，他又否认拥有关 68
于事物真实情况的**知识**，并且设想——尽管可能有一定的讽刺意味——可能会出现比卡里克勒斯（Callicles）更有力的人（不管我们怎么翻译 *neanikôteros*，或许是“更加狂妄的人”），能够消解这些论证。他说自己唯一确定的是，在他实践诘问法的那么多年里，从未遇到过任何人能够坚持相反的观点而免于让自己沦为笑柄（*katagelastos*）。

那么，这究竟是不是知识呢？在我看来，弗拉斯托斯在《苏格拉底对知识的否认》一文中提供了解决这一困境的合理方式，尽管它并未说服所有的哲学家（这或许是不可避免的）。[2]弗拉斯托斯举了下面的例子来引出他的解决方案（p. 46）：

> 考虑这个命题，“大量吸烟是导致癌症的原因”。通常我会毫不犹豫地说我知道这一点，虽然我未曾研究过这个问题，也没有从研究过的人那里试着学习哪怕是他们所知道的

---

① 这句话多少让人想起《美诺》（98a）中的说法，“真意见”（*doxai alêtheis*）需要“通过用理性来束缚”。

② 亚历山大·尼哈马斯（Alexander Nehamas）就是其中之一，他说（Nehamas [1998]，p. 74）：“这种观点的一个核心问题是，弗拉斯托斯的‘哲学’知识的概念只是在柏拉图中后期作品以及亚里士多德的著作中才得以系统地表达出来。”这么说或许没错，但是在我看来，这种弗拉斯托斯式的区分至少隐含在我们正在讨论的《高尔吉亚》的文本中。

> 一半。现在假设我受到了挑战，有人问我“但是你**真的**知道吗？”我感觉提问者使用了更强的“知道”的标准，我可能会坦率地承认我不知道，或许还会说，“如果你想和知道的人谈谈，可以去问问N。”他是一位多年来一直在研究这个问题的著名医学生理学家。在这种语境下，“他知道，而我不知道”并不意味着我之前说我知道时，犯了错误——我应该说的是我只拥有真信念。给予我力量让我在几年前戒烟时的确信，并不仅仅是种真信念。我有理由支持它——虽然这些理由并不完美，至少对于研究这个问题的科学家而言是远远不够的。对科学家而言，如果**他**的理由并不比那些更好，
> 69 那就是一种耻辱。但是对我而言，这些理由在过去，甚至现在，对于“实践目的”而言已经足够了。凭借那些虽然不完美的理由，我做出了生命中**最明智**的决定之一。

在我看来，这个令人愉快的个人证言可以很好地阐明这种情况，经过一些调整，弗拉斯托斯笔下的“著名医学生理学家”或许就是苏格拉底的阿波罗神，或者一般意义上的神，而不是任何可朽的专家。弗拉斯托斯希望强调，我们在这里关注的并不是像《理想国》5.477e那里所说的“知识”与“信念／意见”（*pistis*）之间的区分。他的主张是，出于实践目的，他**知道**而不只是**相信**，大量吸烟对健康有害，其实我们所有人都知道，包括许多尚未放

弃抽烟的人。但是我们所有人，或者大多数人，都很乐意承认，我们并不完全了解为什么尼古丁会对我们的内脏器官造成如此可怕伤害的所有细节。同样的情况也适用于我们出于实践目的而“知道”的很多日常事实。[①]

因此，弗拉斯托斯提出了以下对知识类型的划分，一种是最全面的知识，不仅包括既定的事实，也包括使其成为如此的所有**理由**；另一种是更为临时性但非常有用的知识，来自于多年来（甚至是在一生之中）不管面对什么人都坚持某种原则（特别是**伦理**原则），而未曾遇到能够反驳此原则的人。他这样表述这个区分（pp. 55-56）：

> 我用“知识 C”来指这种知识（即对原因和事实的全面了解），这个下标的意思是不可错的确定性（certainty）。无论苏格拉底怎么说，他在伦理领域**知道**某些事情，这些知识都必须通过他自己的探究方法，即诘问法，得出并经过测试；这是他寻找道德真理的唯一方法。因此，当他宣称有知识的时候，我们看到他确实这样做过——虽然很少但毫无疑问地做过，那些知识的内容必然是他通过诘问法证成的命题。因 70

① 我可能会用这样一个例子：我拥有人类行为导致全球变暖的“知识” 。我不只是想说我**相信**它，或者我这样**猜测**；我确实**知道**。但是我显然不是气候变化方面的专家，所以我不知道 c **所有的**原因和理由；我只是认识那些的确知道的人。

此，我将其称为“诘问法的知识”，缩写为“知识 E”。

我认为这是一个非常有用的区分，即使它不是苏格拉底自己在对话中明确提出的区分。不过我的目的并不是把它当作一个有效的策略，以此来解决苏格拉底赖以为生的原则有多大的确定性这个难题，而是考虑它可能在何种程度上影响了一位卓越的追随者，居勒尼的卡涅阿德斯，这位公元前 2 世纪下半叶的学园掌门。①

我们在塞克斯都·恩披里柯那里找到了大量关于卡涅阿德斯认识论的论述，我打算主要根据《驳逻辑学家》（*Against the Logicians*）第一卷（=《驳学问家》7.159-189②）展开讨论，同时也会适当关注西塞罗《论学园派》第二卷。当然，我们必须首先认识到，关于卡涅阿德斯所坚持的哲学立场的所有证据都充满了不确定性和歪曲的可能性（怀疑派学园的任何成员都是

① A. A. Long（1988）已经充分讨论了“新学园”的创始人阿凯西劳斯如何将苏格拉底塑造为怀疑论者。Julia Annas（1992）论证了阿凯西劳斯将柏拉图塑造成同一形象的努力。然而，据我们所知，阿凯西劳斯的立场，在“悬置判断”（*epokhê*）和“等量齐观”（*isostheneia*）方面，似乎比卡涅阿德斯更为绝对。参见塞克斯都：《驳学问家》7. 150-158；西塞罗：《论至善与至恶》2. 2，《论演说家》3. 67。另见 Richard Bett（1989）的有益讨论。

② 还有在《皮浪主义纲要》1.226-231 中的综述，它颠倒了说服力的两个更高阶段，而且总体上来说没那么准确。关于卡涅阿德斯的总体立场，我的观点得益于 James Allen（1994）的详细讨论，尽管他将三个或然性的确切表述变得更加困难。不过幸运的是，这些精微的讨论与我的主要论点之间没有密切关系。

如此）。因为一方面，他主张不将自己的观点落在纸上；另一方面，保存他（可能）观点的作品，是由他忠实的追随者克里托马库斯（Clitomachus）编纂的，这些文本并没有流传下来，而是通过其他来源传到我们手上，有些是像西塞罗这样一般而言带有同情的作者，另一些则是像塞克斯都那样有自己的意图。但是，人们至少可以合理地确信，塞克斯都并没有凭空捏造。因为他相当明 71
确地使用了卡涅阿德斯框架中的技术词汇，来描述各种不同级别的"说服力"（*pithanotês*），这些大部分都得到了来自西塞罗的证实。①

西塞罗在《论学园派》（2.78，还可以参见 2.139）中也提出了一个问题，在卡涅阿德斯的学生之间有这样一个争论：他是否主张他提出的观点，还是只是为了论争才提出了这些观点。他的学生美特罗多鲁斯（Metrodorus），拉里萨的斐洛的老师，支持前者；而他主要的学生和记录者克里托马库斯则坚持后者。事实上，克里托马库斯公开主张（参见西塞罗：《论学园派》2.139）："他从来都无法理解卡涅阿德斯实际上接受什么观点。"我认为在

① 《论学园派》1.99-104。诚然，令人不安的可能性是，塞克斯都实际上并不是直接从克里托马库斯，而是从阿斯卡隆的安提奥库的《规则》（*Kanonika*）中获取信息，因为在 § 162 中他详细引用了安提奥库，而安提奥库也有自己的意图。但是我想要重申，安提奥库没有理由去编造学说的细节。

这个问题上，我们应该相信克里托马库斯的说法，[①]我在此会给出较合理的证据来表明，卡涅阿德斯想要坚持他所认为的苏格拉底式的立场：人们可以提出可信程度不同的观点，但是我们总是要坚持这样一个整体性立场，即不能对任何事情绝对确定。（参见《高尔吉亚》509a：“我不知道这些事情究竟是怎样的。”）[②]

有了这些说明，我们来看看文本。我们可能在一开始就会注意到，苏格拉底和卡涅阿德斯在应用说服力标准的领域上有显著区别：苏格拉底主要关注的是伦理原则的领域，而不是通
72 常的感觉；卡涅阿德斯则因为要反对斯多亚学派，所以关注通常感觉中说服力的标准。[③]然而，我认为，我们可以假设他将这些原则扩展到了道德领域，就像斯多亚学派所做的那样。[④]无论如何，塞克斯都将卡涅阿德斯塑造成了毫不妥协的怀疑论者形象

① 不可否认，Rudolf Hirzel（1883）, pp. 162-180 首次提出了这个问题，他支持美特罗多鲁斯，而这一立场被后来的大部分权威学者所接纳。然而 Pierre Coussin（1923）, p. 104 支持克里托马库斯，我同意他的看法。A. A. Long（1967），pp. 73-75，Bett（1989），pp. 83-90，还有 Thorsrud 在 Bett（2010）中都对此问题做了有价值的评论。

② 在我看来，他也可能在某种程度上受到《泰阿泰德》的影响，在 150b-d 苏格拉底将自己描述为助产士。无论如何，有趣的是，根据匿名的《泰阿泰德》的评注者（不可否认来自较晚的时期），苏格拉底在这里说的是，当他宣称“缺乏智慧”时，他所缺乏的是其他人归于伟大的智者的智慧，而他本人则将这种智慧归于神（54.23-38）。

③ 事实上，可以说斯多亚学派的认知印象（cognitive impression）理论挑战了这个柏拉图主义的立场，即认为物理世界对象的流动性还有我们感觉器官的不完美性，使物理层面的确定性成为不可能，从而迫使柏拉图主义者与他们在这个领域竞争。

④ Gisela Strike（1996），p. 107 很好地阐述了这一点。

（§159）：

> 他的第一个论证针对所有对手（不仅仅是斯多亚学派），根据这个论证他确立了绝对不存在真理的标准，既不是理性，也不是感觉，也不是心灵中的表象（*phantasia*，mental presentation），也不是存在着的任何其他东西。因为这些事情，全都会欺骗我们。

他通过塞克斯都在后面章节（§§160-165）中给出的复杂论证来支持这一立场。[①]我们在目前的语境中不必详细讨论，这个论证涉及不可避免的主观因素存在于感觉、心灵中的表象，以及理性之中，因为理性依赖于前两者。这个论证可以将卡涅阿德斯确定为彻底的怀疑论者，但这还不是故事的全部。毕竟即使是怀疑派哲学家也必须按照某些原则生活，卡涅阿德斯对此也有相应的策略。塞克斯都继续说到（§166）：

---

① 虽然我们可能会注意到，卡涅阿德斯说需要借助外部刺激才能引发感觉运动（*aisthesis*），因此当它被某种显而易见（*enarges*）的东西“干扰”时，它才能真正作为一种感性器官运作，这一点可能借鉴了苏格拉底在《泰阿泰德》153b-154b 中对“普罗塔戈拉式的”立场的阐述。但是在我看来，针对先前的哲学家，苏格拉底确实给出了一系列明显带有讽刺意味的描述，比如说“荷马作为其领军人物”（153a2），但这并不妨碍新学园的成员将其视为苏格拉底的学说。

> 这些是卡涅阿德斯在与其他哲学家论争过程中详细阐述的论证，以此来证明标准并不存在。然而，他发现自己也被
> 73 要求给出（*apaitoumenos*）[1]某种指导生活和获得幸福的标准，他几乎（*dynamei*）被迫去构建这种理论。

塞克斯都现在开始论述这个问题（§167 ff.）。[2]我们看到了按照升序排列的三个说服力的等级，包括（1）基本的“有说服力的表象”（*pithanê phantasia*）;（2）“有说服力且不矛盾的表象”（*pithanê kai aperispastos*）;（3）“有说服力、不矛盾，且经过彻底检查的表象”（*pithanê kai aperispastos kai diexôdeumenê*），最后这个动词表示“直接穿过”，或“从各个角度进行检查”。

然而，在塞克斯都转而讨论这些问题之前，他引入了卡涅阿德斯理论的一个重要特征：

> 那么，表象就是某个事物的表象（*tinos phantasia*），也就是

---

① 有人可能会问，“被谁要求?” 塞克斯都（在这里他可能是在复述安提奥库）的意思可能是“被斯多亚学派”或者“被他自己的学生”，甚至是“被理性本身”。无论如何，人们很容易想象，卡涅阿德斯感到需要提出一条可以赖以生活的准则。Bett（1989），pp. 93-94 的附录里简要讨论了这一点。

② 塞克斯都此处的语气，可能只是反映了他自己的态度，毕竟他并不认为卡涅阿德斯是一个真正的怀疑论者，因为他不认为学园派是真正的怀疑论者。但这种语气也可能来自安提奥库，他的兴趣在于表明，外在的力量迫使卡涅阿德斯走向（至少是有所限定的）确定性。

它从**何处**而来，以及它发生在什么**之中**。它从何处而来，说的是外在的可感对象；在什么之中，说的是，比如说，在一个人之中。这就是它的本质，它有两个方面（*skheseis*），一个是与表象的对象（*to phantaston*）有关，另一个是与表象的主体（*ho phantasioumenos*）有关。

就它与被表象的对象的关系而言，它或真或假，当它与所表象的对象一致时就是真的，不一致时就是假的。但就其与表象主体的关系而言，一种表象显得是真的，而另一种显得是假的。其中显得为真的被学园派称为“印象”（*emphasis*, impression）、“有说服力”（*pithanotês*）和“有说服力的表象”；而没有显得为真的则是“错误的印象”（*apemphasis*），[①] 或者“难以置信和没有说服力的表象”（*apeithês kai apithanos phantasia*）。因为那些看起来错误的东西和那些虽然是真的但在我们看来并非如此的东西，对我们而言自然都没有说服力。

这个说法虽然有点奇怪，但非常有趣。在同一个感觉行为 74

① 这是一个值得注意的术语。这个词“通常”具有“误导”或“混淆印象”等含义，参见斯特拉波：《地理学》10. 2.12。这里词意与此相近，即感觉提供的数据带有某种模糊或误导性。

中，区分客观和主观这两种不清晰的来源或许显得非常奇怪。当然，有人可能会认为，如果给定的感觉是模糊的，那就是感觉器官（视力或听力缺陷）或环境（太远、光线太暗）的错误，对象不会有错。但事实并非如此。有些对象可能具有天然的模糊性（看起来像石头的有毒蟾蜍）或故意欺骗（错觉效应、蜡做的水果，等等）。事实上，我认为这里有《泰阿泰德》（156a-157b）的影响，不管这种影响是直接的还是间接的。在这里苏格拉底（有倾向性地）设定了某种"普罗塔戈拉式的"感觉理论，包括主体和对象的流变，它们只是暂时聚在一起产生感觉。对我们而言，苏格拉底显然是在反讽的意义上说这些话的，但是对于年轻的泰阿泰德而言，这并不明显，对新学园的柏拉图主义者而言可能也不明显。

无论如何，我们在这里可以看到，主体和对象都可能带来缺乏说服力的表象。卡涅阿德斯进行这些区分的目的（如下文§169-172所说），是否认存在任何程度的欺骗性或模糊性的感觉印象可以成为标准（*kritêria*），不管是来自主体还是对象。这样我们就只剩下"明显真实，并给出足够清晰印象的东西"作为标准。[①]

---

① 我认为，在这里值得注意的一点是，公元2世纪新毕达哥拉斯主义化的柏拉图主义者，阿帕梅亚的努梅尼乌斯（他绝非持怀疑主义的新学园的朋友）在他的《论学园对柏拉图的不忠》（*On the Unfaithfulness of the Academy to Plato*）中（残篇26, 103-111 Des Places）提到，卡涅阿德斯区分了"不可理解的"（*akatalêpton*）和"不清楚的"（*adêlon*），主张虽然在斯多亚学派的意义上，没有什么是"可理解的"，但并非所有事情都不清楚。"清楚的"事态大概可能与最高程度的"可信性"相对应。

但是在这个宽泛的定义之下，存在着不同程度的或然性。

首先，卡涅阿德斯似乎指出（§176），没有任何表象（*phantasia*）完全独立于其他表象，它们在某种链条（*halyseôs tropon*）中联系在一起，其他的表象可能会加强原来的表象，至少与它不矛盾，也可能与最初的表象对立。如果是前者，我们就可以 75
进入说服力下一个层次，即“有说服力且不矛盾”（*pithanê kai aperispastos*）：

> 如果这些表象都不因为看起来是假的而干扰我们的信念，而是所有都和谐一致并看起来是真的，那么我们的信念就会更强。因为我们相信这个人是苏格拉底，因为他拥有苏格拉底所有的通常特质，肤色、身高、体形、谈话、着装，还有他所处的位置，没有其他人和他一模一样。（§§177-178）

我们来设想这样一种情形，[①] 我从街对面看到我们的朋友苏格拉底从一家酒吧出来，我们知道他通常不会去光顾这家，比如说韦

① 以塞克斯都（《驳学问家》7.253-257）为代表的古代评论家倾向于引用神话中的例子，比如当赫拉克勒斯（Heracles）将阿尔刻提斯（Alcestis）从冥府带回来时，阿德墨托斯（Admetus）不愿意相信他妻子的清晰表象；类似的情况还有斯巴达国王墨涅拉俄斯（Menelaus）在他回家的途中经过埃及时，不愿意相信他面前的海伦（Helen）的清晰表象。但我更喜欢“现实生活”中的例子。

克斯福德街的惠兰酒吧（在都柏林），然而我们知道他是安德鲁街的奥尼尔酒吧的常客。[①]这样我们就会更仔细地观察一下。我们要么看到他的确不是苏格拉底：发型有点不对，走路的姿态有点不对，个头有点高，鼻子不是那么塌；或者我们证实了最初的印象：他**的确**非常像苏格拉底。所以我们走过马路去找他，发现他走路、谈话、鼻子和衣服的确都是对的。

我们现在就处于没有矛盾的阶段（*aperispastos*）。所有辅助性的表象（*phantasiai*）看起来都很好，光线没问题，我自己的感觉能力也处于良好状态。但我们仍然可能是遇到了一个非常聪明也很成功的模仿者，他就是想要迷惑苏格拉底的朋友和崇拜者。我们现在就需要一些背景信息，弄清楚为什么苏格拉底从惠兰酒吧，而不是他经常光顾的奥尼尔酒吧出来。这就是我们想要了解背景信息的原因。我们现在从他那里了解到，他离开常去的酒吧
76 到了惠兰，是要见一位据说在道德问题方面持有趣观点的人，并且刚刚与他就正义的本质问题进行了激动人心的对话，这场对话现在刚刚被中断，因为对方突然想起他有一个紧急的约会而匆匆离开了。

现在我们充分调查了这个意想不到的表象的背景，我认为我

① 为了说明我的要点，我把苏格拉底搬到了当代的都柏林。读者也可做出适当的调整。奥尼尔是三一学院附近一家很好的酒吧，有些教师经常光顾这里。惠兰在都柏林的另一个区域，经常有年轻人光顾，经常举办流行音乐会。

们已经得到了“彻底检查过的表象”（*diexôdeuomenê*）。卡涅阿德斯认为，对于过一致的和理性的生活而言，这就足够了，我们不需要斯多亚学派说的那种确定性（*katalêpsis*），那对普通人而言无法实现。

塞克斯对最后阶段给出了如下描述（§§181-182）：

> 比没有矛盾的表象更可信，并且产生了最完美的判断（*teleiotatên poiousa tên krisin*）的是，除了没有矛盾之外，还经过了彻底检查。我们接下来必须解释它的特点。对无矛盾的表象而言，它所要求的仅仅是那些出现的表象都不会因为我们怀疑其为假来干扰（*perispan*）我们，它们都应该显得正确，而不是难以置信。但是在同时发生的（*syndromê*）“经过检查的”表象中，我们仔细审查每个表象如何发生，就像在公民大会（*ekklêsia*）上所做的那样，人们（*dêmos*）考察每一位希望担任官员或法官的人，看他是否配得上官员或法官的职位。

这个有趣的例子来自古代雅典的实践，对参选的官员做资格审查（*dokimasia*）确实是个检查的过程，这不是公元2世纪的罗马帝国的塞克斯都能遇到的情况。用这个例子，他加强了对卡涅阿德斯最高“标准”的描述。他提到的一个例子(§§186-8；另参见《皮浪主义纲要》1.227-228）是黑暗房间里的绳索，这个例子似乎可以追溯到新学园的成员，我们可以引用它来补充苏格拉底从错误的酒吧出来的例子。

这个例子说的是，“一个人在黑暗的房间里看到一卷绳子，
77 他以为是蛇，就从它上面跳了过去，但是他接着回头探询真相，
发现它一动不动，这时他倾向于认为那不是蛇”（这可能代表基本的有说服力的表象），“但是，他又想了一下，蛇被寒冷冻麻木的时候，有时也会一动不动，[①]于是他用棍子戳了戳盘绕的东西，经过对表象进行测试（*ekperiodeusas*），他认定在他面前的物体是蛇的想法是错误的。”

塞克斯都似乎将表象的两个较高的可信性等级混到了一起，它们可以这样区分开：首先，他戳了戳盘绕的物体，它没有任何反应；然后，他又去拿一个灯笼（他本来应该先干这个！），好好看看，然后再把它拿起并放在架子上。

事实上，观看、检查，然后再采取进一步的行动来使自己确信的程序，构成了我们大部分的日常生活，而无需达到斯多亚学派的圣人那种程度的确定性。

我们已经花了不少时间去了解卡涅阿德斯讨论的可用标准的细节。让我们回到为什么要关注他思想的这个方面的问题。

---

① 比如它可能正在冬眠。

我们一定记得，卡涅阿德斯关注的是挑战斯多亚学派的观点，特别是克吕西普（Chrysippus），这种观点认为，如果拒绝同意（*synkatathesis*）就必然导致完全无法行动（*apraxia*），而他们认为同意是不可能的，因为如果不同意某物的现实性或关于它的命题的真实性，就不可能对某物产生同意的冲动（*hormê*）。卡涅阿德斯对此的回应[1]是提出**这样一个论题**，三个逐渐上升的说服力等级，可以作为某种非教条化的生活标准。我要强调“这个论题”，因为正如我之前所说的，我支持克里托马库斯传承下来的传统（而非美特罗多鲁斯那种），这种观点认为，卡涅阿德斯总是“辩证地”提出他的哲学立场，而不是绝对接受，以此来保持他的怀疑立场（参见西塞罗：《论学园派》2.78：*magis disputatum*
*quam probatum*）。这一立场最富戏剧性的表现是，卡涅阿德斯在 78
公元前 155 年从雅典到罗马出任使节期间发生的著名事件（西塞罗在《国家篇》3.9 中讲述了这个故事），他在连续两天用同等的力量和才华去论证支持和反对正义的立场，这令他的罗马听众深感震惊，因为他们都对他的第一场演讲印象深刻！

我的论点是，卡涅阿德斯能够采取他的立场，也就是准备好对特定的表象提出高度的信任（我们甚至可以将其与弗拉斯托斯的“知识 E”等同起来），在此基础上理性地生活并获得幸福；同

① Gisela Striker（1980/1996），pp. 105-115 很好地讨论了这个问题。

时还保持着超然，与他的对话者保持距离，就连他最忠实的学生和记录者克里托马库斯都断言，在与老师交往的任何时候，都没有确定过老师相信什么。就像苏格拉底似乎也在戏弄并迷惑柏拉图和其余的追随者，不过柏拉图的方式是通过高超的文学造诣，创造出半虚构的“苏格拉底”形象，由此在柏拉图自身哲学发展的不同阶段，都可以通过这个形象去表达柏拉图想表达的东西。

在这里有个有趣的平行关系：苏格拉底有他的记录者和阐释者，即柏拉图对老师的精彩描绘，它们有幸完整地保存下来，这样卡涅阿德斯和我们（包括弗拉斯托斯在内），都可以得出自己对苏格拉底真实信念的结论。卡涅阿德斯也有他的记录者，忠实的克里托马库斯，据西塞罗带有讽刺的说法（《论学园派》2.98），“他作为一个迦太基人，还是相当聪明的”（*homo et acutus, ut Poenus, et valde studiosus ac diligens*），他的作品似乎是四卷的“回忆”（同上，99），遗憾的是这些著作没有流传下来，我们只有西塞罗和塞克斯都记载的部分片段。我认为，结合我在前面引用的段落，特别是《申辩》和《高尔吉亚》，卡涅阿德斯能得出一种在斯多亚学派的教条主义与完全悬置判断之间的立场，从而使他能够“按照怀疑主义生活”（迈尔斯·伯恩耶特的说法），同时又让他的直接追随者——当然还有我们——感到困惑。

# 第六章　普鲁塔克与新学园传统的联系

在上一章中，我考察了柏拉图主义怀疑派的“新学园”中的一位重要成员的哲学立场。在我看来，结束本书的恰当方式是再考察之后的“中期柏拉图主义”阶段的一位杰出代表，看他如何建设性地吸纳柏拉图传统中的这个怀疑论的方面，从而更好地将它纳入柏拉图主义的整体谱系之中。 

在这一传统中，凯罗尼亚的普鲁塔克通常不会被认为特别接近怀疑派或疑难派（aporetic），但是扬·奥普索默（Jan Opsomer）在他极为重要的著作《探寻真相》（*In Search of the Truth*）[①] 中指出，这种印象并不完全正确。尽管普鲁塔克自己坚持积极的学说，但他也是后期为数不多的柏拉图主义者，坚持将新学园派的哲学家视为柏拉图主义传统的内在组成部分。他也喜欢用怀疑论的方式攻击对手，特别是在与斯多亚学派，以及在一定程度上

① Opsomer（1998），我下面的讨论在很多方面得益于这项出色的研究。在Brittain（2007）之中也可以找到有益的讨论。

与伊壁鸠鲁学派的论辩中。[①] 他写过一部作品，题为《论柏拉图以来学园的统一》( *On the Unity of the Academy from Plato* )，很遗憾这部作品已经失传了，只有《兰普里亚斯书目》( *Catalogue of Lamprias*，第 63 号 ) 提到了它。这本书证实了普鲁塔克的这种倾向，并且与二世纪后期，新毕达哥拉斯主义化的柏拉图主
80 义者，阿帕梅亚的努梅尼乌斯在其作品《从柏拉图起学园派的分裂》( *On the Divergence of the Academics from Plato*，残篇 24-26，Des Places ) 中，发起的对学园怀疑派的猛烈攻击形成了鲜明的对比。

事实上，普鲁塔克创作对话这件事本身就可以被看作是这种倾向的一个表现。他的这些对话都是从某个疑难开始的，例如，"德尔斐的 E 是什么意思?"(《论德尔斐的 E》)；"神谕衰落是由什么原因造成的?"(《神谕的衰落》[*The Decline of Oracles*])；"苏格拉底的精灵本质上是什么?"(《论苏格拉底的精灵》[*On the Daimonion of Socrates*])；"是什么原因导致了出现在月亮上的脸?"(《论月亮上的脸》[*On the Face in the Moon*])，由

① Daniel Babut ( [ 2007 ], p. 67 n.17 ) 对我进行了相当程度的谴责，因为我过去驳斥过普鲁塔克对新学园派的同情 ( Dillon [1999]，p. 305 )："至于新学园派，虽然他保留了一些学园派的怀疑特质作为反对斯多亚学派的武器，但他并没有表现出与阿凯西劳斯和卡涅阿德斯这些人有任何相似之处。" 经过更成熟的思考，我现在会对这种观点有所修正，但并不想完全撤回它!

此引出了更普遍的问题："月亮的实质是什么?"普鲁塔克在《论苏格拉底的精灵》和《柏拉图问题》(这本书考察了苏格拉底"助产术"的含义)中对苏格拉底这个人，以及苏格拉底特有的从事哲学的方式，都表现出了浓厚的兴趣和同情。

然而，我们必须承认，尽管普鲁塔克对苏格拉底非常崇敬(这种情绪为他和新学园传统中的掌门，例如阿凯西劳斯和卡涅阿德斯，提供了连续性)，但对他而言，疑难(*aporia*)更多指的是亚里士多德主义传统中的"问题"(*problêma*)，而不是新学园派实践的苏格拉底式的疑难(aporetic)方法。特别是在九卷的《会饮问题》(*Symposiac Questions*)，以及《自然问题》(*Questions about Nature* [*problêmata physika*])之中。[①]

我认为，我们可以从普鲁塔克在《柏拉图问题》中提出的第一个带有纲领性的探究(*zêtêma*)开始讨论。他在此处提出了一个问题，这个问题明显受到《泰阿泰德》149a-151d的影响，同时这个文本也极大地影响了新学园的柏拉图主义者："就像《泰阿泰德》(150c7-8)所说的，为什么神吩咐苏格拉底成为其他人的助产士，却阻止他自己生育?"匿名的《泰阿泰德》评注者讨论了这段文本(参见49-56)，必须要说的是，匿名的评注者比普鲁

① Gareth Mathews (1999)在第11章(pp. 109 ff.)中很好地讨论了柏拉图和亚里士多德使用"疑难"(*aporia*)的区别。对于亚里士多德来说，一般而言 *aporia* 并不是指困境，而是指需要通过进一步研究得到解决的具体问题。

塔克更反对新学园派将苏格拉底看作真正的怀疑论者；而另一方
81 面，普鲁塔克准备接受苏格拉底关于无知的说法并不是反讽或者愚弄。[①] 普鲁塔克还认为有必要捍卫苏格拉底明显傲慢地将自己与神进行比较的做法（151c5-d3）：

> 我的朋友，对许多人而言，当我消除他们的愚蠢时，他们对我的态度是几乎要咬我；他们不相信我是出于仁慈才这样做的，因为他们远不能知道**神对人没有恶意，而我也不会因为恶意做任何这样的事**，对我而言，承认谎言并压制真相是不正当的。

首先考虑后面这段文本，我认为柏拉图很可能只是想要表达，他在扮演神（或者更具体的说是阿波罗神）的仆人这一角色，[②] 神不会委托他对同胞作恶，但这个解决方案（让苏格拉底听起来有些自大）似乎没有出现在任何古代评注者那里。普鲁塔克试图捍

① “因为他不会以反讽或愚弄的态度提到神的名字”，他还提到了阿尔西比亚德在《会饮》216e4-5 中的说法。

② 很奇怪的是，那些现代英语世界的评注者，都不关心这个说法。Cornford（1935），McDowell（1973）和伯恩耶特在他对 M. J. Levett 译本的引言 Burnyeat（1990）中都没有提到它。只有刘易斯·坎贝尔在他的评注中（Lewis Campbell [1883]）提供了一个相当含糊的解释，认为苏格拉底指的是“指导他技艺的天赋”，他可能说的是他的精灵，但这一点并不清楚。我没有仔细考察所有的版本。

卫苏格拉底，以让他免受自大和“高谈阔论”（*megalêgoria*）的指责，例如像克罗特斯（Colotes）这样的伊壁鸠鲁主义者就会很乐意这样攻击他。普鲁塔克的解决方案是，认为苏格拉底实际上只是在指他自己的理智，即他自己灵魂中最高的部分。柏拉图在《蒂迈欧》的末尾（90a），将理智描述为神给予我们每个人的精灵（*daimôn*），不过普鲁塔克在这里引用的是梅南德（Menander，“因为我们的理智是神”，残篇 762 Kock）和赫拉克利特（“一个人的品格是他的精灵”，残篇 B114 Diels-Kranz）。

至于前者和主要的观点，普鲁塔克首先解释了（999e-f）苏格拉底认为自己的使命是将年轻人从智者手中拯救出来，那些智者给年轻人灌输了自负（*oiêma*）和虚假的智慧（*doxosophia*），还鼓励他们进行毫无意义的论辩。苏格拉底拯救他们的方式是使用诘问法，这就像是进行净化的药剂（*kathartikon pharmakon*）。
这之后，普鲁塔克继续解释这为什么意味着要压制甚至是彻底清 82
除自己带有偏见的观点（1000a）：

> 第二，虽然运用判断是有益的，但是生育（即产生某种学说）妨碍了人们运用判断，因为爱对于它所爱的东西是盲目的，①

---

① 这是对柏拉图《礼法》5.731e 中说法的创造性运用，柏拉图在此处探讨的是犯罪的根源在于自私。

提出某种意见或论证的人总是偏爱自己的观点。谚语中说后代的分配是最公正的，[①] 但是在论证方面却是最不公正的。因为在前者那里，人们只要考虑他们自己的，而在后者那里，需要考虑什么是最好的，即便那是别人的。出于这个原因，自己生育的人在判断他人的时候就变得更差。

他的这个论证更符合怀疑论者的观点，即苏格拉底宣称自己什么都不知道；也符合更广泛的柏拉图主义者的观点，即苏格拉底出于教学的原因隐瞒自己的观点。然而，从以下几点来看，普鲁塔克似乎更倾向于怀疑论者的立场。他提到了某人的听力受到内部声响和嗡嗡声（有人可能会说是某种耳鸣）的妨碍，将之与他的判断被自己确信的学说阻碍进行比较。他根本无法公正地听取其他观点（1000b-c）。他继续说到（1000c）：

此外，如果没有什么对人而言是可以确信的(*katalêpton*)和可知的，那么神有理由阻止苏格拉底产生疯狂、虚假和毫无根据的看法，并强迫他反驳（*elengkhein*）那些产生这种意见的人。因为免除了最邪恶的东西，即欺骗和虚荣，是极

① 似乎没有相关的谚语在其他地方得到证实，但我认为，它必然关乎在某些情况下父母对自己后代的选择。

大的而非微小的帮助：**神甚至没有将这给予阿斯克勒庇俄斯的儿子**（《神谱》[Theogn.]432）。因为苏格拉底给予的治疗不是针对身体的，而是要净化溃烂和败坏的灵魂。

普鲁塔克在这里明显想着《智者》230c-231b 中的段落（车尼斯恰当地指出了这一点），来自埃利亚的访客称赞诘问法是败坏灵魂的最佳净化剂。有趣的是，尽管在这里极力强调苏格拉底不是在表达自己的观点，普鲁塔克还是在结束他的第一个“柏拉图问题”时主张，苏格拉底用诘问法考察年轻人的真正目的不仅仅是让他们感到困惑，也是要激起他们对真正实在的回忆（*anamnêsis*），对此他们有着内在的观念（1000d-e）： 83

同样要考虑的是，虽然其他的东西，诗歌、数学、修辞演说和智者的学说，精灵避免让苏格拉底生育这些东西，因为它们都不值得认真关注。苏格拉底认为仅有智慧，也就是他称之为“对神圣的和理智的对象的激情”，① 对于人而言不是生成或发现的结果，而是靠回忆得来的。由于这个原因，苏格拉底并不教授任何东西，而是通过激发疑难（*aporiai*），

① 这里提到了《会饮》（210e-212a）中狄俄提玛对上升到美的理念的描述，也结合了《理想国》4.429a 对护位者智慧的描述。

> 就像在年轻人那里引发生育的疼痛，用这种方式他会唤起、加速并帮助他们产出他们内在的观念（*emphytoi noêseis*）；[①]而他将其命名为“助产术”（*maiôtikê tekhnê*）。因为它没有像其他人那样假装从无到有地在他们的灵魂中植入思想，而是表明这些是他们内在拥有的，只是因为处于未开发、困惑的状态，需要培养和稳定下来。

这整个探究（*zêtêma*）的结果似乎是将苏格拉底小心地置于柏拉图主义的传统之中，一方面承认他真的主张“无知”，至少是在那些智者和其他“专家”宣称有知识的领域；另一方面，通过适当的“助产术”来引导他的对话者“回忆”起理念，或者激活他们“内在的观念”。因此从一方面看，他主张的“无知”非常直接，包括两个方面：（1）他放弃主张任何可能被人们，尤其是智者，
84 称为“科学和技术”的专业知识；（2）他认为最完整的知识（即完全理解一切事物的原因和结果）仅属于神；另一方面，他所主张的“无知”又可以被看作是一种“助产术”，隐藏了自己所有的观点，主要是道德方面的观点，以便通过诘问法来引出对话

① 这里非常有趣地运用了一个本质上是斯多亚学派的概念 *koinai ennoiai*（共同概念），但包括了独特的柏拉图要素：接受这些概念的能力是天生的，但它们的来源是独立存在的柏拉图式的理念。在中期柏拉图主义者中，普鲁塔克绝不是唯一这么做的，阿尔西努斯在《教学》第 4 和第 6 章中提出了非常相似的立场。

者内在的观念。[①]

前面的讨论提供了一个很好的例子，说明普鲁塔克对于他继承的柏拉图主义的疑难特征持什么态度。我认为还可以再关注两个例子。首先，我之前提到，人们最有可能在普鲁塔克攻击他的主要对手，即斯多亚学派和伊壁鸠鲁学派时（主要是因为他们攻击学园怀疑派的阿凯西劳斯和卡涅阿德斯），看到他最具有疑难倾向的一面。[②] 在这五篇论述中，有两篇反对斯多亚主义者（《论斯多亚学派的矛盾》[*On the Contradictions of the Stoics*]；《论共同观念，驳斯多亚学派》[*On Common Notions, against the Stoics*]）；[③] 另外三篇反对伊壁鸠鲁主义者（《根据伊壁鸠鲁的原则快乐的生活是不可能的》[*That a Pleasant Life is Impossible on the Principles of Epicurus*]；《"不为人知的生活"是智慧的准则吗？》[*Is 'Live Unknown' a Wise Precept?*]；《代表其他哲学家驳克罗特斯》[*Against Colotes, on behalf of the other Philosophers*]），我将从最后一篇中选择一些文本，因为普鲁塔克在此明确地讨论了苏格拉底（1116e-1119c），作为讨论被克罗特斯攻击过的早期哲学

① 这里提到苏格拉底也持有理智实体的观念，这一点在普鲁塔克的《驳克罗特斯》1114c 也出现了。

② Bonazzi（2003），pp. 219-232 就普鲁塔克对阿凯西劳斯的态度做了有益的讨论 。

③ 还有第三篇（仅存提要）：《斯多亚学派的言论比诗人更加自相矛盾》（*That the Stoics Make More Paradoxical Utterances than the Poets*）。

家的一长串名单中的一个；这个名单从德谟克利特开始。

实际上，克罗特斯攻击的主要目标是与他同时代的阿凯西劳斯，[①] 为了削弱阿凯西劳斯的立场，他选择将他置于一系列否认知识可能性的哲学家之中，其中就包括苏格拉底。在论战中，克罗特斯沿用了斯多亚学派对阿凯西劳斯的反驳，即如果拒绝肯定印象，怀疑论者就完全无法行动（*apraxia*），至少无法以任何理性或前后一致的方式行动，比如他为什么不吃草而吃面包？吃饭时他为什么
85 不尝试将食物塞进耳朵而非嘴里？他为什么不试图穿墙，而是走房门离开房间？想洗澡的时候他为什么不去山上而是去浴池？

这些嘲讽可能会是对那些持完全怀疑论态度的人的有力反击，阿凯西劳斯似乎就是这样的（虽然也可能只是为了在论辩中反对斯多亚学派）。但普鲁塔克显然是立足于卡涅阿德斯更精细的怀疑派立场，卡涅阿德斯认为，即便不能达到斯多亚学派所说的确定性（*katalêpsis*），人们依然可以根据不同程度的或然性 / 可信性行事。[②] 不可否认，虽然普鲁塔克没有在任何地方讨论过

① 兰普萨库斯的克罗特斯是伊壁鸠鲁很喜欢的学生，他大约在公元前 260 年前后创作了这部作品。

② 关于卡涅阿德斯的 *pithanotês*（或然性或可信性）三个等级的讨论，参见本书第 5 章，对此最全面的描述是塞克斯都·恩披里柯：《驳学问家》7.159-189。从最基本的可信的表象（*pithanê phantasia*）到"可信且不矛盾的表象"（*pithanê kai adiaspastos*），最终是包含了以上这些，且"经过彻底检查的表象"（*diexôduemenê*）。在最后一个等级上，人们几乎可以按照确定性行事，而不必对斯多亚学派做丝毫让步。

卡涅阿德斯提出的三个等级的可信性，但他采用的明显是卡涅阿德斯的立场。[①] 在对克罗特斯进行了敏锐和带有嘲讽的反击后，他提出下面的论述（1118b）：

> 因为只有在学说和论证中，这些智慧者才比我们其他人更有优势；[②] 面对表象产生感觉和接受印象，每个人都会有，因为引发这些的原因与理性无关。让我们得出感觉不准确或不可信的那种归纳论证，并不否认对象会对我们呈现出某种表象，只不过是禁止我们将它们当作完全无误的真相，而我们会继续使用感觉并以表象作为我们行动的指导。因为我们在必需之物那里所追求的不过是有用，因为没有更好的可以替代罢了，但它们并没有提供完美的知识，以及哲学的灵魂渴望获得的对事物的理解。

在我看来，这至少可以看作是对卡涅阿德斯立场的一个不错说明，而普鲁塔克似乎赞同这一立场。如果只是将感觉作为日常生 86

① 另一种可能性是，他采用了拉里萨的斐洛（他的学生美特罗多鲁斯的学生）的立场，斐洛是学园怀疑派的最后一位掌门。我并不想排除这种可能性，但我认为，这也正是卡涅阿德斯的立场。

② 他刚刚提到了伊壁鸠鲁的学说：“除了智慧者（*sophos*）之外，没有人会坚定不移地相信任何事。”（1117f，残篇 222 Usener）

活的指南，我们就不必将它们视为绝对准确和可信的，或者看作“完全无误的真相”。然而最后一句话还是提醒我们，有一个真实存在的领域，关于它的知识和理解（*epistêmê kai gnôsis*）可以通过理智而非感觉获得。我们没有证据表明普鲁塔克赞同那种虔诚的流言（这个流言可能是由拉里萨的斐洛传播出去的，[①] 努梅尼乌斯 [ 残篇 25.75-83] 和塞克斯都 [《皮浪主义纲要》1.234] 都坚定地支持这个说法），即阿凯西劳斯只是将怀疑主义作为反对斯多亚学派，以及测试学生敏锐程度的工具，同时在私下“坚持教条”，但他强调苏格拉底希望在他的学生中激起回忆，似乎包含了对这个理论的暗示，至少与它相容。

无论如何，普鲁塔克在简略地反驳了麦加拉学派的斯底尔波（Megarian Stilpo）之后，转而（1121e ff.）为阿凯西劳斯本人辩护，克罗特斯的长篇大论正是反对他的。重要的是，普鲁塔克曾指责克罗特斯将阿凯西劳斯主张的悬置判断，不仅归于苏格拉底和柏拉图，还归于巴门尼德和赫拉克利特这些人，而普鲁塔克接受阿凯西劳斯的主张（1122a）。毕竟这个问题涉及对物理世界的感觉，而柏拉图和他持怀疑态度的追随者一样质疑其确定性。

① 奥古斯丁在他的《驳学园派》（3.20.43）中把这个流言归于西塞罗，在他的《论学园派》一段已遗失的文本中（残篇 210 Plasberg），这可以被追溯到公元前 1 世纪初。除了斐洛之外，我们很难想象西塞罗还能从谁那里得到这个说法。

比如我们可以引用《斐多》65a-b，在这里苏格拉底对西米亚斯（Simmias）说：

> “现在考虑知识（*phronêsis*）的获取。如果人将身体当作从事研究的同伴，它是否会成为障碍呢？我的意思是，在人的视觉和听觉那里是否有任何确定性，是否真实，就像诗人三番五次告诫的那样，我们不能准确地听到或者看到任何东西？然而，如果这两种感觉都不清晰、不准确，其他感觉更不可能，因为它们都低于这两个。你不同意吗？”
>
> “当然。”

这段话可以与苏格拉底在《泰阿泰德》中提到的“普罗塔戈拉式
的”感知理论联系起来，它被用来支持对感性知觉的准确性持彻 87
底的怀疑立场。然而，普鲁塔克在这里想要反驳的是斯多亚学派
和伊壁鸠鲁学派嘲笑怀疑论者无法行动（*apraxia*），“就像戈耳工
（Gorgon）抬起了她的头”（1122b），以此反驳阿凯西劳斯的立场。
他论证，没有理由认为，冲动（*hormê*）需要斯多亚学派那种意
义上的“同意”（*synkatathesis*），没有它就不能引发行动：

> 灵魂有三种动力（*kinêmata*）：感觉、冲动和同意。即使我们想，感觉的运动也无法消除；相反，在遇到一个对象

时，我们必然会接收到印象并受到影响。冲动由感觉引发，推动我们去追求恰当的目标（*pros ta oikeia*）[①]：某种砝码（*rhopê*）被放入我们支配部分（*hêgemonikon*）的天平上，开始了有方向的运动（*neusis*）。所以那些悬置对所有事物的判断的人也不可能消除这第二种运动，而是跟随他们的冲动去追求显得恰当的对象（*pros to phainomenon oikeion*）。

那他们能避免的唯一事情是什么呢？形成意见（*doxazein*）和轻率地同意（*synkatathesis*），只有在那里才能出现虚假和错误，这种同意是出于软弱而屈从于表象，因而毫无用处。[②]因为有两件事是行动（*praxis*）所必需的：恰当对象的表象（*phantasia*），以及对表象中恰当对象的冲动，这两者都不会与悬置判断冲突。因为论证将我们从意见（*doxa*）中，而不是从冲动或感觉中解放出来。因此，一旦感觉到某个恰当的对象，就不需要意见来让我们朝着它的方向前进；冲动直接出现，它是灵魂发起和追求的运动。

---

① 如果说普鲁塔克在这里准确地记录了阿凯西劳斯的说法，那么他似乎是出于自己的目的使用了斯多亚学派的术语。*oikeion* 可以被翻译成“恰当的”或“与我们亲熟”（akin to us），这个词在整段话中反复出现，意思相当于“好”（*agathon*）。

② 同样，普鲁塔克 / 阿凯西劳斯似乎是在使用斯多亚学派的术语来反对他们自己：对芝诺而言（*SVF* 1.67-69），意见是“弱的”或“假的”同意；对阿凯西劳斯而言，所有的同意都是“软弱”（*astheneia*）的结果。

因此，普鲁塔克似乎坚定地支持经他阐释的阿凯西劳斯的立场，并宣称这个立场实质上也是柏拉图和苏格拉底的立场，当然前提 88
条件是这仅与物理世界相关；我们对理念、可知世界的知识，来源完全不同。他继续为新学园又做了长达数页的辩护，我认为他在这个过程中使用了我们在前面提到的如今已经失传的作品《论柏拉图以来学园派的统一》中的诸多内容。例如一个有趣的地方是，他在学园怀疑派的范围内，接受传统的宗教习俗和对神谕的信仰，这肯定是柏拉图和苏格拉底接受的（尽管他们批评人们关于神的不恰当的流俗信念）（1125d ff.）。他的理由大概是，像宗教实践这样的现象，已经被无数代人接受，符合（卡涅阿德斯式的）“经过彻底调查”（*diexôdeumenê*）这个条件，因此对其合理性可以给予最高等级的认同。无论如何，他对宗教的观点是（1125d-e）：

> 在你的旅行中，可能会遇到没有围墙、书写、国王、房屋或财产的城邦，它们没有货币、剧院或体育场的概念；但没有旅行者看到过或将会看到，没有圣地和神的城邦，没有任何祈祷、誓言、神谕，没有为获得祝福的献祭或避免邪恶的仪式。不，我认为一旦去掉所有的宗教基础（这些比统治更重要），一个城邦都无法建立，就算建立起来也无法生存。

奇怪的是，他在这里采纳了斯多亚学派的克吕西普关于神存在的论证，即来自对所有已知国家和部落的观察，但是不论阿凯西劳斯自己的立场如何，这个论证在卡涅阿德斯不同程度的或然性/可信性的框架内，都没有问题。

我们可以在此观察到普鲁塔克式的柏拉图主义的特征，它包含了适度的或经过调整的怀疑主义，包容了新学园的传统。我们必须承认，这种怀疑主义的倾向似乎主要出现在攻击斯多亚学派和伊壁鸠鲁学派的语境中，但它也可以在普鲁塔克非论战的作品
89 中以非常有趣的方式表现出来。我打算以探讨这篇有趣的作品来结束本章，它就是普鲁塔克的《论冷的原理》。[①]

这篇短论，献给他的学生阿尔勒的法沃里努斯（Favorinus of Arles），他本人自称是学园怀疑派的追随者。[②] 这篇短论的内容有些令人困惑，但如果我们把它看作轻松的玩笑，既是为了献给法沃里努斯又是带着友好的意图跟他开玩笑，那么它就会显得很有趣。

① 在这方面，我非常感谢 George Boys-Stones（1997a）颇为有益的讨论。

② 法沃里努斯在很多方面都是个有趣的人物，在此不做详谈。奥普斯海默在《探求真理》的第 5 章讨论了他，而他受惠于 Anna Maria Ioppolo（1993），她表明，与盖伦（Galen）指控他不节制相反，在法沃里努斯的《论最好的学说》（*De Optima Doctrina*）中，他很可能对卡涅阿德斯的说服持怀疑态度。另参见 Charles Brittain（2007），他也对普鲁塔克和努梅尼乌斯做了很好的讨论；以及 Mauro Bonazzi（2003），pp. 158-170。

这篇著作的论题最初是一个（亚里士多德式）的疑难或问题："就像有热的原理（以火的形式存在），是否有主动的冷的原理（*dynamis*），通过它的存在（*parousia*），通过在其中分有（*metokhê*）它，其余的一切变冷？还是像他们说的黑暗是光明的缺失（*sterêsis*），静止是运动的缺失，冷只是热的缺失？"

这个问题涉及柏拉图主义传统中一个争议很大的问题，对此有长篇的论述，比如在普罗克洛斯的《〈巴门尼德〉评注》（3.815-833）中。这个问题就是：什么事物是有理念的？虽然普罗克洛斯没有在此提出对立的理念这个问题。恶的理念被否定了，就像否定人造物和个体有理念一样，但没有讨论黑与白、光明与黑暗、冷与热的对立。因此，普鲁塔克提到冷的理念，并不一定那么非正统。[①]

然而，我关心的是针对这一问题，他提出各种解决方案的方式，因为它们是以提高或然性 / 可信性等级的方式提出的。首先（946a），他列出了几个支持冷仅仅是缺失的论证；但是这些很快遭到一系列支持它是某种积极原理（*dynamis*）的考量的驳斥（946b-948a）。我在此给出普鲁塔克反驳的开头（946b-c）： 90

① 公平地说，普鲁塔克没有提到冷是一个理念，他说是一种力（*dynamis*）和存在（*ousia*），而这与它仅仅是一种基本理念的本质特质相容。

> 首先，难道我们不是要警惕论证中的一点（即冷只是热的缺失）吗？这种想法否认了一些性质，而仅仅将它们当作对性质的否定，从而消除了许多明显的力（*dynameis*），重是对轻的否定，还有硬是对软的否定，黑是对白的否定，甜是对苦的否定，就像存在其他力的自然对立，而非肯定和否定关系那样。
>
> 此外，所有否定都是惰性和非生产性的：例如失明、失聪、沉默或者死亡。这里有确定形式/理念（*eidê*）的缺失和对存在（*ousiai*）的消灭，而不是事物的本质（*physeis*）或实在。然而，冷的本质在物体内产生的影响和改变（*pathê kai metabolai*）并不少于热。许多物体可以通过冷被冻结，或变得凝聚、黏稠。此外，冷促成静止、对抗运动的特性也不是惰性的，而是通过压力和阻力的运动，并具有压缩和保护的张力（*tonos*）。

我们看到，普鲁塔克反对最初的主张“冷只是热的缺失”的方式，很像苏格拉底的诘问法。在接下来的几章（3-7）中，这个立场得到了更多合理论证的支持，直到第8章（948a-b），我们进入到下一阶段：如果冷是一个积极的原理，是热的对立物，而热是火元素的原理，那么冷与其他三个元素中的哪个最相关呢？

这个问题引发了一个由三部分组成的讨论，我们可以将其重构为一场苏格拉底式的对话，就像《泰阿泰德》中依次讨论知识的候选项那样。普鲁塔克建议按照顺序讨论其他三个元素，即气、水和土，它们每一个都有不同程度的合理性与火对立，并考察它们是不是冷的原理。在第 9 章，他一开始就把主张气的人确定为斯多亚主义者（由此将他们作为最不可信的选项的支持者）； 91
水的支持者是前苏格拉底哲学家恩培多克勒（Empedocles），还有漫步学派的兰普萨库斯的斯特拉托（Strato of Lampsacus），这是个相当混杂的组合；而土作为第三个候选项暂时没有明确的支持者。

当然，这三个候选项都可以找到一些支持，但对前两者可以提出很多反驳。关于气的讨论出现在第 9—12 章中，在此他提出了各种有说服力的论证，最后结束时意味深长地提到了法沃里努斯（949f）：

> 所以，法沃里努斯，将冷的首要力量归因于气的论证，依赖于这些或然性（*pithanotêtes*）。

然后进入了第 13—16 章关于水的讨论，包括了很多或然性的论证，在结尾普鲁塔克再次请法沃里努斯来衡量其或然性，随后温和地过渡到最后的选项上（952 c-d）：

> 现在，你要将这些论证用来反对他们的前人（*skopei dê kai tauta paraballôn ekeinois*）。克吕西普认为气是原初的冷，因为它也是黑暗，他只提到那些认为水比气离以太更远的人；他想要给出一些答案，于是说：“如果是这样，我们也可以主张，土是原初的冷，因为它距离以太最远”，随后他抛弃了这个论证，因为它非常荒谬完全不可接受。但我仍有意主张土也并非缺乏或然性和令人信服的论证（*eikotes kai pithanoi [logoi]*）

显而易见，这里的讨论结合了柏拉图在《蒂迈欧》中描述物理实在的关键术语（*eikôs logos*，或然的论述），还有卡涅阿德斯的认识论中最受欢迎的术语或然性。然后，他借用了克吕西普将气等同于黑暗和冷的说法，并以更大的或然性来支持土这个选项（952d）；在接下来的五章中（17—22），他继续提出一系列支持土在本质上是冷的论证，并以下面这种彻底的柏拉图主义意味结束：

> 因此，我们必须相信，为什么有智慧、有学识的古人认为不应该将土质的实在和天体混合的原因，并非因为它们根
> 92 据相对位置能区分出上下，就像我们在天平上所做的那样；
> 而是由于力量的不同而使诸如热和明亮、迅捷和漂浮之类的

> 东西被赋予不朽和永恒的本性，而黑暗、寒冷和缓慢则被认为是可朽坏的和底层的存在（*phthitoi ken eneroi*）的不幸遗产。[①] 然后，生物体只要呼吸和繁盛，就像诗人所说的那样会享受温暖和生命；但是当温暖和生命离开它，当它被抛弃在仅有土的领域时，冷和冻结就会立刻攫住它们，因为温暖自然存在于除了土以外的其他东西中。

在依次提出了支持气、水和土的论证之后，带着对土的一定倾向性，普鲁塔克以一种在我看来是对以前学生带有戏弄和玩笑的口吻告终，承认他支持新学园的怀疑论传统，并鼓励他坚持下去（955a）：

> 法沃里努斯请你比较这些论证和其他人的主张；如果它们在合理性上既没有达到也没有远超它们，那么就告别意见（*doxai*）。虽然你确信在面对不明确的事情（*adêla*）时，悬置判断比给出同意（*synkatatithesthai*）更符合哲学。

我们在这里看到的是，普鲁塔克为了取悦法沃里努斯，演奏了一

① 后面这个词（“底层的存在”，*eneroi*）暗示了死者的亡灵或下界的神灵，以及月下世界是诗人的冥府，就像普鲁塔克有时会认为的那样（参见《苏格拉底的精灵》591a-b）。

首辩证法的赋格曲，同时也会让其他同情的读者感到愉悦，他展示了一个对新学园和老学园都保持忠诚的柏拉图主义者可能会如何处理这种与物理世界相关的很有代表性的问题。我选择这篇作品，并不是因为它体现了普鲁塔克最严肃的哲学思想，[①] 而是因为它展示了普鲁塔克在处理自己继承的柏拉图主义传统方面表现
93 得非常机智。他应该会接受疑难存在于真正哲学的核心之处，同时这些疑难与关于第一原理的教条主义并不矛盾；他同时也会接受真正存在的领域高于并且在很大程度上与月下的物质世界对立。而且，我相信他认为这也是新学园传统中的代表人物阿凯西劳斯和卡涅阿德斯会接受的。

① George Boys-Stones（1997b, p. 237）有说服力地论述了，普鲁塔克可能认为他很好地为土元素进行了论证，这个论证基于柏拉图在《蒂迈欧》55d-56b 中提到的基本三角形和元素的理论。因而，我觉得这是这篇短论表达的讽刺和嘲弄意味的一个方面。

# 结 论

94

正如我在一开始说的，我并不指望这本小书能够全面论述柏拉图主义传统的起源和发展，我的目标更加节制，并且与这一系列讲座相应。我只想给出一系列对这一传统显著特征的研究。我想再次提及劳埃德·格尔森在他富有洞见的研究《从柏拉图到柏拉图主义》的引言中说到的“原始柏拉图主义”这一巧妙的定义，是一组否定性特征的组合：反物质主义、反机械主义、反唯名论、反相对主义、反怀疑主义。而我在此的目的是想要表明，柏拉图之后的柏拉图主义者们，如何在没有完全抛弃这些原则的基础上，继续在形而上学、伦理学和认识论领域构建起一系列积极的学说。

首先考虑形而上学问题，柏拉图主义者显然坚信形而上学的二元论，设定了一个由非物质的理念和不朽的灵魂组成的“真实”世界，由“一”和“不定的二”这两个原理掌控。与此同时，除了在后来的普鲁塔克和努梅尼乌斯那里，整体而言没有受到伦理二元论的诱惑，尽管柏拉图在一些文本中表现了明显的倾向。

除了宇宙整体的问题之外，理念体系的确切状态是柏拉图主义传统中的关键问题。由于柏拉图倾向于用迂回的表达方式，并且在提出重要学说时诉诸神话，这个难题长期困扰着柏拉图学者。我在这里做出了一些尝试，但不一定很有说服力。

95 在伦理学领域没有那么多争议，我们看到的是一个普遍而言否定身体和世界的体系。这种理论推崇灵魂的疏离，不再依赖于与身体有关的欲望和顾虑，以及外在世界的善。同时，它也没有接受斯多亚学派后来采取的极端立场，彻底否定身体和外在的善。柏拉图主义者一直认为它们是“较低的”或“偶然的”的善，但绝非“中立之物”；他们也从来不认为有必要消除激情（*apatheia*），而只想要让它们达到适度（*metriopatheia*），尽管在这个范围内可以采取很多不同的立场。占主导性的目的或“生活目的”是“与神相似”（*homoiôsis theôi*），这与斯多亚学派“依据自然生活”的理想对立，尽管如我们所见，像阿斯卡隆的安提奥库这些人，可以接受经过修正的斯多亚学派立场。

最后，尽管“新学园”明显采纳了怀疑论，但我试图探索他们如何可以，以及像普鲁塔克这样的人确实尝试做的那样，通过适当关注柏拉图主义传统中的苏格拉底形象，而将自己纳入更广大的柏拉图主义传统之中。阿凯西劳斯和卡涅阿德斯可以被看作是反对斯多亚学派的学说——通过感觉可以在物质领域获得确定性（*katalêpsis*），柏拉图本人也会反对这个主张。事实上，怀疑主义的忠实拥护者塞克斯都·恩披里柯并不认为学园派可以被视为真正的怀疑论者（跟他心目中的英雄皮浪相比）。因此，我认为新学园可以被有所保留地当作柏拉图主义传统的组成部分，正如普鲁塔克在他的许多著作中展示的那样。

# 参考文献


Allen, J. 1994. "Academic Probabilism and Stoic Epistemology," *Classical Quarterly* 44, pp. 85-113.

Alline, H. 1915. *Histoire du texte de Platon*, Paris.

Annas, J. 1988. "The Heirs of Socrates," *Phronesis* 33, 100-112.

——1992. "Plato the Sceptic," in *Oxford Studies in Ancient Philosophy, Supplementary Volume, 1992: Methods of Interpreting Plato and His Dialogues*, pp. 43-72.

——1999. *Platonic Ethics, Old and New*, Ithaca.

Babut, D. 1994. "Du scepticisme au dépassement de la raison. Philosophie et foi réligieuse chez Plutarque," in *Parerga: choix d'articles de Daniel Babut (1974–1994)*, Lyon, pp. 549-584.

——2007. "L'unité de l'Académie selon Plutarque. Notes en marge d'un débat ancien et toujours actuel," in Bonazzi, M., Lévy, C., & Steel, C (eds.), *A Platonic Pythagoras: Platonism and Pythagoreanism in the Imperial Age*, Turnhout, pp. 63-98.

Baltzly, D. 2004. "The Virtues and 'Becoming like God': Alcinous to Proclus," *Oxford Studies in Ancient Philosophy*, 26, pp. 297-321.

Barnes, J. 1989. "Antiochus of Ascalon," in Griffin & Barnes (eds.) (1989), pp. 51-96.

Bett, R. 1989. "Carneades' Pithanon: A Reappraisal of its Role and Status," *Oxford Studies in Ancient Philosophy* 7, pp. 59-94.

——1990. “Carneades’ Distinction between Assent and Approval,” *Monist* 73, 3-20.

—— (ed.) 2010. *The Cambridge Companion to Ancient Scepticism*, Cambridge.

Bobonich, C. 2002. *Plato's Utopia Recast*, Oxford.

Bonazzi, M. 2003. *Academici e Platonici. Il dibattito antico sullo scetticismo di Platone*. Milan.

—— 2006. “Continuité et rupture dans l’Académie et le platonisme,” *Etudes platoniciennes* 3, 231-244.

——2014. “Plutarch and the Sceptics,” in Beck, M. (ed.), *A Companion to Plutarch, Chichester,* pp. 121-134.

Boys-Stones, G. 1997a. “Thyrsus-Bearer of the Academy or Enthusiast for Plato? Plutarch’s *De Stoicorum Repugnantiis*,” in Mossman, J. (ed.), *Plutarch and His Intellectual World*, London, pp. 41-58.

——1997b. “Plutarch on the Probable Principle of Cold: Epistemology and the *De Primo Frigido*,” *Classical Quarterly* 47, 227-238.

Brittain, C. 2007. “Middle Platonists on Academic Scepticism,” in Sharples, R.W. & Sorabji, R. (eds.), *Greek and Roman Philosophy 100 B.C-200 CE*, London, Vol. II, pp. 297-315.

Burnyeat, M. 1980. “Can the Sceptic Live his Scepticism?,” in Schofield, M., Burnyeat, M. & Barnes, J. (1980), pp. 117-148 (repr. in Burnyeat 2012).

—— (ed.) 1983. *The Sceptical Tradition*, Berkeley/Los Angeles.

——2012. *Explorations in Ancient and Modern Philosophy*, Cambridge.

Campbell, L. 1883. *The Theaetetus of Plato,* Oxford.

Cherniss, H. 1954. “The Sources of Evil According to Plato,” *Proceedings of the American Philosophical Society* 98, pp. 23–30.

Cornford, F. M. 1935. *Plato's Theory of Knowledge,* London.

Couissin, P. 1929. “Le stoicisme de la Nouvelle Académie,” *Revue d’histoire de la philosophie* 3, 241-276.

Dillon, J. 1977. *The Middle Platonists,* London/Ithaca, (2nd ed. 1996).

——1983. "Plotinus, Philo and Origen on the Grades of Virtue," in Blume, H.-D. & Mann, F. (eds.), *Platonismus und Christentum*, Münster, pp. 92-105.

——1984. "Speusippus in Iamblichus," *Phronesis* 29, 325-332.

——1986. "Xenocrates' Metaphysics: Fr. 15 (Heinze) Re-examined," *Ancient Philosophy* 5, 47-52.

——1990. *The Golden Chain; Studies in the Development of Platonism and Christisnity*, Aldershot.

——1993. Alcinous, *The Handbook of Platonism,* Oxford.

——1996. "An Ethic for the Late Antique Sage," in Gerson, L. P. (ed.), *The Cambridge Companion to Plotinus, Cambridge,* pp. 315-135.

——1997a. "The Riddle of the *Timaeus*: Is Plato Sowing Clues?," in Joyal, M. (ed.), *Studies in Plato and the Platonic Tradition: Essays Presented to John Whittaker*, pp. 25-42. (repr. in Dillon 2012).

——1997b. *The Great Tradition: Further Studies in the Development of Platonism and Early Christianity*, Aldershot.

——1999. "Plutarch's Debt to Xenocrates," in Perez Jimenez, A. et al. (eds.), *Plutarco, Platon y Aristoteles: Actas del V Congreso internacional de la I.P.S.,* Madrid, pp. 305-311 (repr. in Dillon 2012).

——2002a. "Plutarch on God; Theodicy and Cosmogony in the Thought of Plutarch," in Frede & Laks (eds.) (2002), pp. 223-238.

——2002b. "Theophrastus' Critique of the Old Academy in the *Metaphysics*," in Fortenbaugh, W.W. & Wóhrle, G. (eds.), *On the Opuscula of Theophrastus*, Stuttgart, pp. 175–87 (repr. in Dillon 2012).

——2003. *The Heirs of Plato: A Study of the Old Academy (347-274 BCE),* Oxford.

——2012. *The Platonic Heritage: Further Studies in the History of Platonism and Early Christianity*, Farnham.

Donini, P. L. 2002. "L'eredità academica e i fondamenti del platonismo in Plutarco," in Barbanti, M. & Romano, F (eds.), *Henosis kai Philia: Unione e amicizia. Omaggio a Francesco Romano*, Catania, pp. 247-273 (repr. in Donini, P. L., *Commentary and Tradition: Aristotelianism, Platonism and Post-Hellenistic Philosophy*, Berlin, 2010).

Dorandi, T. 2007. *Nell' officina dei classici*, Rome.

Duerlinger, J. 1985. "Ethics and the Divine Life in Plato's Philosophy," *Journal of Religious Ethics* 13, 312-331.

Ferrari, F. 1995. *Dio, idée e materia: la struttura del cosmo in Plutarco di Cheronea*, Naples.

Forster, M. 2006. "Socrates' Demand for Definitions," *Oxford Studies in Ancient Philosophy* 31, 1-47.

——2007. "Socrates' Profession of Ignorance," *Oxford Studies in Ancient Philosophy* 32, 1-35.

Frede, D. & A. Laks (eds.) 2002. *Traditions of Theology: Studies in Hellenistic Theology, Its Background and Aftermath*, Leiden.

Frede, M. 1979. "The Sceptic's Beliefs," (originally "Des Skeptikers Meinungen," *Neue Hefte für Philosophie*, 15-16, 102-29), in Frede 1987.

——1983/1987. "Stoics and Sceptics on Clear and Distinct Impressions," in Burnyeat (1983) (repr. in Frede 1987).

——1987. *Essays in Ancient Philosophy*, Oxford.

Gerson, L. 2013. *From Plato to Platonism*, Ithaca.

Göransson, T. 1995. *Albinus, Alcinous, Arius Didymus*, Göteborg.

Görgemanns, H. 1960. *Beiträge zur Interpretation von Platons Nomoi,*

München.

Griffin, M. & J. Barnes (eds.) 1989. *Philosophia Togata: Essays on Philosophy and Roman Society I*, Oxford.

Griswold C. (ed.) 1988. *Platonic Writings, Platonic Readings,* London.

Halfwassen, J. 2012. "Monism and Dualism in Plato's Doctrine of Principles," in Nikulin, D. (ed), *The Other Plato: the Tübingen Interpretation of Plato's Inner-Academic Teachings,* Binghamton, pp. 143-59.

Hirzel, R. 1877-1883. *Untersuchungen zu Cicero's philosophischen Schriften III*, Leipzig.

Inwood, B. 2014. "Ancient Goods: *the tria genera bonorum* in Ethical Theory," in Lee, M.K. (ed.), *Strategies of Argument. Essays in Ancient Ethics, Epistemology and Logic*, New York & Oxford, pp. 255-280.

Ioppolo, A. M. 1986. *Opinione e scienza: Il dibattito tra Stoici e Accademici nel III e nel II secolo a.C.,* Naples.

——1993. "The Academic Position of Favorinus of Arelate," *Phronesis* 38, 183-213.

Krämer, H.-J. 1964. *Der Ursprung der Geistmetaphysik: Untersuchungen zur Geschichte der platonischen Ontologie zwischen Platon und Plotin*, Amsterdam.

Levett, M. J. 1990. *The Theaetetus of Plato*, Indianapolis.

Lévy, C. 2010. "The Sceptical Academy: Decline and Afterlife," in Bett (ed.) (2010), pp. 81-104.

Long, A. A. 1967. "Carneades and the Stoic Telos," *Phronesis* 12, 59-90.

——1974. *Hellenistic Philosophy.* London/New York.

——1988. "Socrates in Hellenistic Philosophy," *Classical Quarterly* 38, 150-171.

Long, A. A. & J. M. Dillon (eds.) 1988. *The Question of "Eclecticism": Studies in Later Greek Philosophy*, Berkeley/Los Angeles.

Mann, W. 2006. "Plato in Tubingen: A Discussion of Konrad Gaiser's' *Gesammelt Schriften*," *Oxford Studies in Ancient Philosophy* 31, 349-400.

McDowell, J. 1973. *Plato. Theaetetus*, Oxford.

Matthews. G. B. 1999. *Socratic Perplexity and the Nature of Philosophy*, Oxford.

Merki, H. 1952. *Homoiosis theói: Von der platonischen Angleichung an Gott zur Gottänlichkeit bei Gregor von Nyssa*, Freiburg.

Merlan, P. 1960. *From Platonism to Neoplatonism,* The Hague.

Meyers, B. E, & E. P. Sanders (eds.) 1982. *Self-Definition in the Greco-Roman World,* London/Philadelphia.

Michalewski, A. 2014. *La puissance de l'intelligible: la théorie plotinienne des Formes au miroir de l'héritage medioplatonicienne,* Leuven.

Nehamas, A. 1998. *The Art of Living: Socratic Reflections from Plato to Foucault.* Berkeley/Los Angeles.

Opsomer, J. 1998. *In Search of the Truth: Academic Tendencies in Middle Platonism,* Brussels.

Politis, V. 2015. *The Structure of Enquiry in Plato's Early Dialogues.* Cambridge.

Press, G. 2000. *Who Speaks for Plato? Studies in Platonic Anonymity,* Lanham, Maryland.

Radice, R. 1989. *Platonismo e creazionismo in Filone di Alessandria*, Milan.

Rich, A., 1954. "The Platonic Ideas as the Thoughts of God," *Mnemosyne* ser. 4, 7, 123-133.

Roloff, D. 1970. *Gottânlichkeit, Vergöttlichung und Erhöhung zu seligem Leben: Untersuchungen zur Herkunft der platonischen Angleichung an Gott,* Berlin.

Rowett, C. 2014. *Knowledge and Truth in Plato,* Oxford.

Schibli, H. 1993. "Xenocrates' Daemons and the Irrational Soul," *Classical Quarterly* 43, 143-167.

Schofield, M., Burnyeat, M., & J. Barnes (eds.) 1980. *Doubt and Dogmatism*, Oxford.

Sedley, D. 1996. "Three Platonist Interpretations of the *Theaetetus*," in Gill, C & McCabe, M. M. (eds.), *Form and Argument in Late Plato,* Oxford, pp. 79-103.

——1999. "The Ideal of Godlikeness," in Fine, G. (ed.), *Oxford Readings in Plato: Ethics, Politics, Religion and the Soul*, Oxford, pp. 309-328.

——2002. "The Origins of Stoic God," in Frede and Laks (eds.) (2002), pp. 41-83.

—— (ed.) 2012. *The Philosophy of Antiochus*, Cambridge.

Striker, G. 1980. "Sceptical Strategies," in Schofield et al. (eds.) (1980), pp. 54-83 (repr. in Striker 1996).

——1996. *Essays on Hellenistic Epistemology and Ethics,* Cambridge.

Stough, C. 1969. *Greek Scepticism,* Berkeley/Los Angeles.

Swanton, C. 2003. *Virtue Ethics, a Pluralistic View,* Oxford.

Tarán, L. 1975. *Academica: Plato, Philip of Opus and the Pseudo-Platonic Epinomis*, Philadelphia.

Tarrant, H. 1985. *Scepticism or Platonism?*, Cambridge.

——1995. "Counting Plato's Principles," in Ayres, L. (ed.), *The Passionate Intellect: Essays on the Transformation of Classical Traditions,* New Brunswick/ London, pp. 67-82.

——2007. "Moral Goal and Moral Virtues in Middle Platonism," in Sharples, R.W. & Sorabji, R. (eds.), *Greek Philosophy 100 BCE-200 CE*, London, Vol. II, pp. 419-429.

Theiler, W. 1930. *Die Vorbereitung des Neuplatonismus*, Berlin.

Thorsrud, H. 2010. "Arcesilaus and Carneades," in Bett (ed.) (2010), pp. 58-80.

Vlastos, G. 1991. *Socrates, Ironist and Moral Philosopher*, Cambridge.

——1994. *Socratic Studies,* ed. M. Burnyeat, Cambridge.

Warren, J. 2002. "Socratic Scepticism in Plutarch's *Adversus Colotem*," *Elenchos* 23, 333-356.

# 作品索引

（所有页码均为原书页码，即本书页边码）

# 综合索引

（所有页码均为原书页码，即本书页边码）

# 中译本后记

本书的底本是约翰·迪伦教授2016年10月应邀作为第八届“中国人民大学古希腊哲学名师讲座”系列的主讲人，访问人大所做的六次讲座，当时的讲座标题是“柏拉图主义的起源与主要特征”。英文版讲稿经过迪伦教授的修订后，由剑桥大学出版社在2019年出版（标题为《柏拉图主义的根系：一个哲学传统的起源与主要特征》[*The Roots of Platonism: The Origins and Chief Features of a Philosophical Tradition*]）。这里的中文版根据剑桥大学出版社的英文版翻译，但是保留了迪伦教授在人大讲座时那个更直接的标题。

迪伦教授是国际知名的古希腊哲学专家，特别是柏拉图主义研究方面的权威。他先后在牛津大学、加州大学戴维斯分校和加州大学伯克利分校求学，博士毕业后在伯克利留校任教（1969—1980）；之后返回故乡爱尔兰，在三一学院担任钦定希腊语讲席教授（1980—2006），是三一学院“柏拉图中心”的创立者。从美国回到故乡爱尔兰任教是迪伦教授的理想，即便那意味着相比伯克利的教职，他要接受更低的工资和更大的工作量，还有告别加州美丽的阳光和接受爱尔兰的阴雨连绵！

迪伦教授是一位极其勤奋的学者，用“著作等身”来形容都是对他的贬低。他编辑和翻译了大量古典文本，比如古希腊智者的残篇集；扬布里科关于柏拉图对话的评注残篇、书信集、《论灵魂》、《论密仪》；普罗克洛斯关于柏拉图《巴门尼德》的评注；阿尔西努斯的《柏拉图主义手册》；叙利亚努斯关于亚里士多德《形而上学》的评注，等等。迪伦教授目前最主要的工作是主持普罗提诺《九章集》的英文翻译与哲学评注（每一章都单独翻译、评注和出版，目前已经出版了13卷）。

他的专著《中期柏拉图主义者》（*The Middle Platonists*, 1977）和《柏拉图的后裔：老学园研究》（*The Heirs of Plato: A Study of the Old Academy*, 2003）是当代柏拉图主义研究中具有里程碑意义的著作。在四十多年的学术生涯中，迪伦教授发表了近两百篇论文和一百多篇书评，其中比较有代表性的论文收录在三部论文集中：《金色的链条》（*The Golden Chain*, 1991）、《伟大的传统》（*The Great Tradition*, 1997）和《柏拉图主义的遗产》（*The Platonic Heritage*, 2012）。

除了哲学，迪伦教授还喜爱文学，曾经编辑过关于爱尔兰作家詹姆斯·乔伊斯的词典（1977），还根据他早年在埃塞俄比亚的经历写过一部小说《桉树的气味：埃塞俄比亚的故事》（*Scent of Eucalyptus: An Ethiopian Tale*, 2006）。

迪伦教授的研究特别善于把宏观的柏拉图主义发展史与细致的文本考订和分析结合起来。这两项素质对于研究前期柏拉图主义（包括了老学园和新学园）和中期柏拉图主义至关重要。因为从柏拉图去世、斯彪西波继承学园到普罗提诺创立所谓的“新柏拉图主义”这五百多年的柏拉图主义发展史中，大多数材料都非常零散，很多重要人物都没有完整的著作传世（两个比较幸运的例外是亚历山大里亚的斐洛和凯洛尼亚的普鲁塔克），很多时候不得不依靠断简残篇中的只言片语做出猜测和推论；而且这段时间柏拉图主义与当时的其他思潮，比如毕达哥拉斯主义、亚里士多德主义、伊壁鸠鲁学派、斯多亚学派、怀疑派、犹太教、基督教也有很多交锋和交流，受到了不同思想流派不同程度的影响。因此想要系统理解前期和中期柏拉图主义的发展是一项极其纷繁复杂的工作，需要哲学、文学、语文学、历史学、宗教学等诸多方面的广泛知识。

因此想要补全“古希腊哲学名师讲座”系列在柏拉图主义传统中的缺失，或者说补全在柏拉图和普罗提诺之间的环节（吕克·布里松教授在迪伦教授来访之前做过关于柏拉图的系列讲座[讲稿以《柏拉图哲学导论》为题出版]，之后又再次来访做了关于普罗提诺的系列讲座[即将以《普罗提诺哲学导论》为题出版]),放眼全世界,迪伦教授都是不二的人选。

在这个系列讲座中,迪伦教授没有选择四平八稳地概述这五百多年柏拉图主义的发展史,而是用自己的最新研究,带领听众共同探讨了这段历史中的一些重要时刻、重要问题和重要人物,以点带面地展现了这五百多年中的一些重要侧面,为我们提供了理解这个伟大学派的重要线索。

第一章是全书的总纲,迪伦教授讨论了“柏拉图主义”如何在与其他学派的论战中确立自身,形成了一个有权威人物(柏拉图)、权威文本(柏拉图著作)、权威机构(阿卡德米学园),也有明确自我意识的哲学学派。第二和第三章讨论柏拉图主义形而上学中的两个关键问题:一元论与二元论之争,以及对柏拉图核心学说“理念论”的恰当理解。第四章讨论了柏拉图主义中形而上学与伦理学的紧密联系,理解存在的等级结构如何能够帮助人们实现伦理学关注的人生追求。第五章和第六章讨论了新学园中的怀疑论倾向与正统柏拉图主义的联系,迪伦教授强调了新学园与苏格拉底－柏拉图传统的连续性,而非由于受到怀疑派影响带来的断裂。

本书英文版标题中“根系”一词的复数形式表明,虽然整个“柏拉图主义”都必然要回溯到柏拉图本人,但是作为一个“学派”或者“传统”,就像一条大河,有着非常复杂的来源和支流,只有把它的“根系”理清,我们才能更清楚地看到它的演进过程,理解它在不同历史时期呈现出的不同样貌。

我们虽然调整了中文版的标题，不过我还是很喜欢迪伦教授原书封面的图片和在“前言”最后对这幅图片的说明（因为中文版的封面没有保留这张图片，所以现有的“前言”也去掉了这几句话）。我在这里附上一张比原书封面的图片更加令人震撼的图片，以及迪伦教授对选择这张图片的说明。

泰国一处遗迹中佛像被树根缠绕包围

我很清楚，从树根中浮现出来的那张面孔不是柏拉图，而是佛陀。尽管如此，在编辑和我看来，除了这一点之外，这幅图都非常合适，所以我们决定采用它；既然不能修改它，我们也没有更好的选择！毕竟柏拉图主义的发展与各种佛教思想系统的发展之间有某种类比关系，这也和本书的讨论相关。

说到“根系”，迪伦教授还有一层与中国特别的渊源。他的外祖父曾长期在中国工作，他的母亲就出生在秦皇岛。所以这次中国之旅，对迪伦教授来讲，也是一次有特别意义的“寻根之旅”。我很荣幸将这本书的中译本献给迪伦教授，作为他此次中国之行最好的纪念！

最后，我还是要感谢很多人：首先当然要感谢迪伦教授接受我的邀请，给中国听众带来的精彩讲座；感谢三一学院的瓦西利斯·波利提斯教授（Vasilis Politis）和当时在那里读书的苏峻博士帮助我与迪伦教授取得联系；感谢刘媛媛博士高质量的翻译（我作为本书的校对者为本书中的所有错误负责）；也要感谢北京大学出版社一如既往的支持！

刘玮

2021 年 6 月

于中国人民大学人文楼